Coleção Vértice
24

O EVANGELHO NO LAR

Conheça nossos clubes

Conheça nosso site

- @editoraquadrante
- @editoraquadrante
- @quadranteeditora
- Quadrante

GEORGES CHEVROT

O EVANGELHO NO LAR

Tradução
Roberto Vidal da Silva Martins

Revisão e adaptação
Henrique Elfes

3ª edição

QUADRANTE

São Paulo
2024

Título original
L'Évangile au Foyer

Copyright © 1992 by Marcel Chevrot, Paris.

Capa
Gabriela Haeitmann

Dados Internacionais de Catalogação na Publicação (CIP)

Chevrot, Georges
  O Evangelho no lar / Georges Chevrot – 3ª edição – São Paulo : Quadrante, 2024.
  ISBN: 978-85-7465-622-9
  1. Jesus Cristo (vida) 2. Meditações cristãs I. Título II. Série

CDD 232.40

Índice para catálogo sistemático:
1. Jesus Cristo (vida) : Meditações cristãs

Todos os direitos reservados a
QUADRANTE EDITORA
Rua Bernardo da Veiga, 47 – Tel.: 3873-2270
CEP 01252-020 – São Paulo – SP
www.quadrante.com.br / atendimento@quadrante.com.br

Sumário

Apresentação 7
A casa edificada sobre rocha.. 9
O inventário dos armários 15
A casa bem guardada 23
À hora das refeições 29
O melhor cardápio 37
A casa enlutada... 45
A sagrada família de Nazaré.. 53
Quando os filhos crescem.. 61
A idade ingrata 67
As bodas de Caná 73
Quando os esposos envelhecem 79
O momento da oração... 85
A criança que tem fome... 93
À escuta de Cristo 99
A mulher que varre a casa 105
A mulher que faz o pão em casa..................................... 113
A lâmpada no candelabro 121
Batem à porta.. 129
O servo que nunca acaba de cumprir o seu dever........ 137

Apresentação

O título O Evangelho no lar *não se refere ao bom costume de se ler o Evangelho em família, mas é um comentário a inúmeras passagens em que Cristo se serve de imagens tiradas da vida doméstica. As suas parábolas e ensinamentos refletem, com efeito, todo um mundo de detalhes caseiros e cotidianos: giram em torno de lâmpadas e sal, de pão e fermento, de mães de família que têm de procurar moedas perdidas pelos cantos da casa, dos preparativos de uma festa, das crianças que brincam na rua. E não esqueçamos que o Senhor fez o seu primeiro milagre precisamente numa festa de casamento, e que a ressurreição da filha de Jairo foi realizada em atenção à dor de uns pais...*

São cenas que Deus viveu e presenciou com olhos de Homem, transbordantes de carinho pelos homens. Portanto, não nos há de estranhar que seja justamente «entre as panelas» da cozinha – na expressão de Santa Teresa de Jesus –, nos detalhes corriqueiros da vida familiar, que encontremos uma das melhores ocasiões de procurá-lo e de aprender com Ele. Dizia alguém que «os grandes problemas sempre têm soluções decepcionantemente simples»; da mesma forma, também as grandes verdades do cristianismo se traduzem nas virtudes mais singelas e caseiras. Aliás, é o que Georges Chevrot já nos havia mostrado num livro anterior, As pequenas virtudes do lar *(5ª ed., Quadrante, São Paulo, 2015).*

Estas páginas podem, pois, considerar-se um complemento da obra anterior, e tal como ela estão baseadas numa série de palestras transmitidas pelo rádio. Dirigem-se igualmente às famílias que desejam pôr em prática o cristianismo, e por isso abordam alguns dos principais aspectos relativos à preparação para o matrimônio, à convivência entre os cônjuges, à educação dos filhos, ao tempo dedicado a estar em família, e às qualidades que devem reinar num lar para que este possa cumprir a sua missão de fermento cristão na sociedade. O autor dá conselhos apropriados a cada fase da vida familiar, pois à medida que os pais avançam em idade e os filhos crescem, mudam as situações e os problemas a serem enfrentados. E refere-se também às pequenas obras individuais que constituem o fundamento necessário sobre o qual se apoia a convivência, como a oração individual diante de Deus, o exame de consciência, a leitura do Evangelho...

A singeleza com que estas páginas estão escritas, e a simplicidade que transparece em todos os seus parágrafos, não nos devem fazer esquecer a grande tarefa que o autor nos propõe já a partir da sua primeira meditação: edificar a nossa vida inteira, o lar do qual fazemos parte, e assim a Igreja e a sociedade, sobre rocha, *sobre o único ponto de apoio estável e permanente num mundo em que tudo muda e tudo parece desfazer-se: Cristo.*

A casa edificada sobre rocha

> *Todo aquele, pois, que ouve as minhas palavras e as observa é semelhante ao homem prudente, que edificou a sua casa sobre rocha. Caiu a chuva, transbordaram os rios, sopraram os ventos, investiram contra aquela casa e ela não caiu, porque estava fundada sobre rocha. Todo aquele que ouve as minhas palavras e não as pratica é semelhante ao homem insensato, que edifica a sua casa sobre areia. Caiu a chuva, transbordaram os rios, sopraram os ventos, investiram contra aquela casa e ela caiu, e foi grande a sua ruína.*
>
> (Mt 7, 24-27)

O que é um lar cristão? Jesus responde-nos no Evangelho: é *uma casa edificada sobre rocha*. Em quase todas as línguas, a palavra «casa» significa ao mesmo tempo a moradia e a família que nela habita.

A fim de gravar os seus discursos na memória dos ouvintes, o Salvador usava às vezes modos de dizer familiares aos hebreus e aos outros povos orientais. Um desses recursos mnemônicos eram as estrofes paralelas, cujo exemplo encontramos neste texto de São Mateus;

na tradução, perdem-se as consonâncias do texto arameu, mas conserva-se a simetria da frase original.

Somente uma coisa tem importância aos olhos do Senhor nas duas casas desta pequena parábola. Não é a altura, nem são as proporções da edificação, nem a elegância ou originalidade do estilo arquitetônico. Pouco importa que se trate de uma residência rica ou de uma simples moradia de operários, que tenha sido construída com pedras de cantaria ou com argila seca ao sol. Nenhuma das características que normalmente atraem os olhares dos transeuntes retém a atenção do Mestre. Pergunta apenas: os seus fundamentos estão apoiados na rocha ou em terreno sem consistência? O resto é secundário.

Todos nós já percebemos, sem dúvida, que nesta passagem evangélica *as mesmas intempéries se abateram sobre as duas casas*. Os elementos desencadearam-se da mesma forma contra a casa que se encontrava levantada sobre rocha como contra a outra. É claro que a primeira terá sofrido alguns estragos: o vento terá arrancado parte do telhado ou desencaixado a porta, ou o porão ter-se-á talvez inundado. Mas todos esses estragos poderão ser reparados se a casa se tiver mantido firme.

Quanto à casa edificada sobre areia, talvez mais elegante do que a outra, deslizou com o terreno, afundou-se, e dela só resta um montão de escombros.

Quando se chega a Paris vindo do norte, enxerga-se logo a Basílica do Sagrado Coração. Certamente não se teria podido escolher um local mais belo para a sua construção; no entanto, a colina de Montmartre abriga no seu subsolo as escavações de umas antigas pedreiras, que certamente teriam comprometido a solidez do edifício. Foi necessário perfurar 83 poços de 33 metros de profundidade e enchê-los de concreto armado, juntando-os a seguir com poderosas vigas de cimento. Em resumo, foram precisos 35.000 metros cúbicos de fundações subterrâneas para assegurar a solidez desse monumento. Quantos anos desperdiçados, quantos gastos adicionais! É verdade; mas, a esse preço, a Basílica não corre o risco de desabar; está edificada sobre rocha.

Muito bem, se a escolha e a preparação do terreno constituem uma precaução elementar e insubstituível quando se trata de construir uma casa, a prudência exige igualmente que os esposos, antes de formarem um lar, procurem assegurar-se de que este estará apoiado em terreno sólido. Se não tomarem esta precaução, cometerão o mesmo erro do arquiteto pouco prudente que construiu a sua casa sobre areia.

A experiência comprova, infelizmente, que não é rara essa omissão. O número crescente de divórcios demonstra como era correta a previsão de Jesus. As primeiras tempestades destroem essas fracas construções erguidas às pressas. Sob a pressão de um egoísmo a dois, esses lares efêmeros correm para a ruína porque se apoiam em convenções superficiais, *sobre areia*.

Não existem céus sem nuvens, mesmo nas famílias mais serenas. Como diz a parábola, surgem contrariedades em todos os lares. Aqui, são dificuldades de saúde que se prolongam ou separações temporárias que se tornam necessárias por motivos profissionais; ali, são reveses de fortuna, fracassos nos negócios ou o rebaixamento do padrão de vida a que se estava acostumado, com as restrições e amarguras que isso traz consigo; ou, ainda, é a perda de um filho que às vezes destrói toda a coragem da mãe e cobre o lar com um manto de gelo. Em alguns casos, são as diferenças de temperamento entre os esposos, as bruscas mudanças de humor, as súbitas tempestades a que um casal inteligente não tarda a adaptar-se, ainda que sempre tenha de continuar a lutar por consegui-lo. E, continuamente, é a tribulação silenciosa do momento presente, esse desgaste impiedoso que, se não se toma cuidado, transforma o costume em rotina e a tranquilidade em negligência: essa monotonia dos dias iguais, que inspira desejos erradios de novidade e de mudança.

Caiu a chuva,
transbordaram os rios,
sopraram os ventos...

Pois bem, uma das casas ficou de pé, enquanto a outra se afundava. O sofrimento é, com efeito, a pedra de toque do amor verdadeiro, que não revela as suas qualidades enquanto não for submetido à prova. As pequenas contrariedades cotidianas, bem como as grandes adversidades, tanto podem destruir um lar como, pelo contrário, fortalecer-lhe os alicerces. Por que existem casos em que as primeiras contrariedades se convertem num drama e conduzem à ruptura? Por que existem outros em que as primeiras adversidades formam um novo laço, mais sólido, entre dois corações? Não há dúvida possível acerca da causa: basta olharmos para as fundações desse lar.

As uniões que se apoiam em simples atrativos naturais estão edificadas sobre areia. Sem dúvida, o afeto entre marido e mulher nasceu, na maioria das vezes, dessa primeira atração instintiva; e o Evangelho não procura destruir a natureza, mas enaltecê-la e transfigurá-la, o que é muito diferente. Assim como a flor, cujos matizes delicados e cujo delicioso perfume admiramos, extrai essas cores e esse aroma da terra, também o amor mais delicado só pode nascer num coração de carne e tomar consciência de si mesmo através da beleza natural; mas não considera como fim o que é apenas um ponto de partida. Porque é fácil que nos acostumemos à beleza, apesar de ser tão passageira e de seguir o destino do nosso corpo que, como diz São Paulo, *avança para a ruína*; em contrapartida, o nosso ser interior, na medida em que procura melhorar, *renova-se uma e outra vez* (cf. 2 Cor 4, 16). A beleza passa, a bondade dura para sempre e dilata-se sem cessar.

Portanto, é a *bondade* que devemos buscar antes de mais nada. As uniões que não passam de uma associação entre dois interesses ou dois prazeres estão assentadas sobre areia. A partir do momento em que um dos cônjuges deixa de agradar ao outro, ou em que o casal deixa de se querer mutuamente, a partir do momento em que se encontra um parceiro mais interessante, para que levar avante uma vida pesada que se vai fazendo insuportável, uma vez que a sua razão de ser já desapareceu? Quem não busca nada além da sua própria satisfação é incapaz de compreender e de realizar essa entrega de si mesmo que constitui a própria base da vida familiar.

É preciso cavar mais fundo para encontrar a rocha em que o lar possa firmar-se, para encontrar, debaixo da areia do prazer, a segurança e a felicidade de se estar cumprindo a missão que Deus conferiu ao amor entre homem e mulher. Essa rocha fundamental do lar é Cristo, modelo do Amor perfeito. A solidez do lar depende da docilidade dos esposos em pôr em prática as palavras do Salvador, do seu fervor em levar avante o mesmo ideal, da sua ambição de alcançarem juntos as mesmas esperanças sobrenaturais, do som idêntico produzido pelas suas consciências, do empenho por contribuírem com pequenas obras para a felicidade um do outro, esforçando-se cada um por progredir pouco a pouco na virtude.

Um dos Salmos diz assim: *Se o Senhor não edifica a cidade, em vão trabalham os que a constroem* (Sl 126, 1). Construir um lar, para um cristão, não deixa de ser uma tarefa igualmente divina, e quem o faz pode contar com a colaboração de Cristo. É importante que os jovens tomem consciência disso, antes de se comprometerem definitivamente pelo matrimônio. É importante também que os próprios pais, unidos há tanto tempo, tomem consciência disso. Se forem fiéis às palavras de Cristo, nem as tempestades ruidosas de um mundo agitado, nem as silenciosas infiltrações do Maligno poderão abalar os seus lares, porque estarão *edificados sobre rocha*.

O inventário dos armários

> *Ele disse-lhes: Por isso todo o escriba instruído no reino dos céus é semelhante a um pai de família que tira do seu tesouro coisas novas e velhas.*
>
> (Mt 13, 52)

O pai de família, diz Jesus, *tira do seu tesouro coisas novas e velhas*. Este «tesouro» a que o Senhor se refere era a arca ou arcas em que os habitantes da Palestina conservavam os enfeites, as roupas, os tecidos e, em geral, todos os objetos que não eram de uso diário ou que tinham algum valor.

Evidentemente, havia de tudo nessas arcas: *coisas novas e velhas*, como acontece com os armários de hoje, esses grandes armários sólidos que passam de pai para filho; ainda que nos deem a impressão de estarem repletos, sempre se encontra um lugarzinho para guardar mais alguma coisa. Só Deus sabe o que pode haver lá dentro! E o mesmo acontece com as cómodas, assim chamadas porque as suas gavetas estão ao alcance da nossa mão; mas, apesar de ser tão fácil abri-las, talvez não o seja tanto encontrar nelas o que procuramos... Por isso, convém que as donas de casa façam de vez em quando as arrumações necessárias; e não é raro que passem a tarde inteira a fazer esse inventário dos armários.

Quando eu era pequeno, essa operação excitava-me a curiosidade. Mostravam-me objetos que tinham pertencido a algum remoto antepassado da família, e a seguir essas piedosas relíquias eram de novo cuidadosamente guardadas nas suas caixas, das quais não voltariam a sair durante muito tempo. Às vezes, nós, crianças, recebíamos de presente alguma bugiganga inútil da qual a minha avó se desprendia. E eu ouvia os protestos do meu avô, que resistia a deixar que jogassem fora o seu velho sobretudo, todo deteriorado e roído pelas traças. Nenhuma dessas roupas modernas, assegurava, lhe assentava tão bem como aquele sobretudo...

Sê-me fiel, ó velho, sobretudo que tanto estimo,
Ambos chegamos juntos à velhice.
Há dez anos que eu mesmo te escovo...
Meu velho amigo, não nos separemos jamais.

E depois vinham as discussões intermináveis: – «Para que guardar essa bugiganga inútil?» – «Ora, ainda pode vir a ser útil algum dia». E as exclamações de admiração: – «Ah, guarde bem esse tecido; hoje em dia, já não se faz nada de parecido. E estes bordados, que beleza! Como se faziam as coisas bem feitas naquela época!» E lá no alto do armário, havia também uns cortes de tecido mais recentes, amarrados com uma fita azul ou vermelha. Mas ninguém se decidia a usá-los: devia-se primeiro gastar bem a roupa velha... que já não servia.

Será que ainda há armários cujo inventário seja preciso fazer de vez em quando? Não sei dizer. Mas suponho que o leitor também possuirá alguma dessas reservas familiares em que o velho e o novo estão guardados lado a lado, como no tesouro do bom pai de família do Evangelho. Pelo menos, numa medida suficiente para podermos entender o ensinamento que o Senhor nos oferece nesta parábola.

Com efeito, em todos os lares se levanta o problema de decidir entre o velho e o novo, entre a tradição e o progresso, entre o que convém pôr de parte e o que convém adotar. E é inevitável que este problema se coloque nas famílias, pois nelas convivem juntas duas gerações: a antiga, os pais, que preferem não mudar nada, e a nova, os filhos, que gostariam de mudar tudo. Temos aqui presentes, pelo menos em germe, os conflitos de gerações que importa evitar a todo o custo.

A época em que os pais exerciam uma autoridade absoluta na família já não passa de uma distante recordação. Pouco a pouco, os jovens fizeram ouvir a sua voz no parlamento doméstico, primeiro timidamente, depois com maior ousadia, e agora já como a coisa mais natural do mundo. As suas opiniões diferem, muitas vezes, das dos seus pais, e os seus gostos também, no que se refere aos costumes, às leituras, às diversões, para não falar dos seus estudos...

Esta mudança nas ideias e nos costumes participa da evolução que caracteriza a história da humanidade desde a sua origem, mas se vem acelerando rapidamente nestes últimos anos, sob a influência dos extraordinários progressos da ciência e da técnica. Portanto, é normal que a mentalidade dos jovens corresponda ao estado atual da nossa civilização; o contrário é que seria impossível: os rios não remontam o seu curso para voltarem à fonte. No interior de um lar cristão, porém, essa diferença de mentalidades não pode de modo algum diminuir o respeito que os filhos sentem pelos pais, nem a confiança que estes depositam nos mais novos. E menos ainda pode destruir o afeto mútuo, pois onde há amor as pessoas acabam sempre por compreender-se umas às outras.

Olhemos de frente para a realidade. Instintivamente, o homem, ao chegar à idade madura, gosta de voltar em espírito aos anos da sua juventude, e de toda a sua vida passada recorda mais facilmente as vantagens e facilidades de *ontem* do que as suas falhas e imperfeições. O *amanhã* interessa-lhe muito menos: ele próprio já não estará lá; para quê, pois, mudar uma situação que lhe parece perfeitamente satisfatória? Por sua vez, o jovem, também por instinto, é indiferente ao que se fazia *ontem*; vive o dia de *hoje* e participa do modo de ver dos seus contemporâneos, com quem há de conviver *amanhã*.

Ambos, porém, cometem o mesmo erro de avaliação: o primeiro, ao desprezar o amanhã; o segundo, ao deixar de lado o ontem; um, pretendendo eternizar o passado;

o outro, desprezando as tradições; aquele, preferindo o *velho*, e este, só querendo o *novo*.

O pai de família, diz Jesus, *tira do seu tesouro coisas novas e velhas*. Conserva as coisas velhas que ainda podem prestar algum serviço, e adquire coisas novas para substituir as que se tornaram imprestáveis. Respeita alguns costumes de outrora, porque são melhores que os novos, mas acolhe alguns usos modernos, que pensa serem melhores que os antigos. Não se dedica a resmungar: «Estes jovens de hoje já não têm respeito algum», pois convenceu-se de que, se os filhos já não guardam as distâncias como antigamente, são, em contrapartida, muito mais francos e confiados, o que em certo sentido é muito melhor. Não repete ao longo do dia: «No meu tempo, os jovens obedeciam sem responder», porque sabe que é melhor conceder uma razoável independência aos filhos do que forçá-los a assumir uma atitude hipócrita. Talvez as concepções sociais do seu neto lhe tenham parecido subversivas à primeira vista, mas lá no íntimo teve de reconhecer que, bem vistas as coisas, a antiga ordem social também não era nada perfeita...

A circunstância de «isto sempre se ter feito assim» não é, para ele, uma razão para que sempre se continue a fazer assim. Uma injustiça pode perpetuar-se durante muitos séculos, e nem por isso se transforma em justiça. Em resumo, esse pai de família esforça-se por conseguir *um justo equilíbrio entre a tradição e o progresso*.

Aliás, quem quererá opor-se ao progresso? O primeiro troglodita que teve a ideia de edificar uma casa a céu aberto deve ter parecido louco aos olhos dos seus semelhantes, escondidos nas suas cavernas. É verdade que o progresso traz consigo riscos e fracassos, mas é a esse preço que a condição humana melhora.

No entanto, é preciso não confundir os termos: o progresso não consiste em fazer *o contrário* do que se fazia antes, mas em fazê-lo *melhor*. Neste momento, gostaria de me dirigir especialmente aos jovens. Ao invés de reclamarem e dizerem: «Como são antiquados os nossos pais!», devem começar a escrever as páginas das suas próprias vidas, mas comparando-as com as que se escreveram antes deles. Ninguém é moderno simplesmente por considerar antiquados os mais velhos. É natural que os mais novos caminhem à frente, pois andam mais depressa, mas não devem perder o contacto estreito com os que os seguem, porque poderiam errar de caminho. Os velhos andam mais devagar, mas conhecem melhor a estrada.

Se não basta que determinada instituição seja antiga para que a consideremos boa, também não é verdade que uma ideia seja falsa por ser antiga. O que durou muito pode ter envelhecido, e com efeito há opiniões e costumes que não puderam resistir ao tempo e tiveram que ceder o lugar a outros; mas o fato de algumas coisas perdurarem pode também ser sinal de solidez, e seria prejudicial suprimi-las antes de se ter encontrado algo melhor. O patrimônio que herdamos do passado contém elementos que são definitivos: reconhecê-los, utilizá-los e, se for preciso, ajustá-los às circunstâncias atuais, certamente contribui para o progresso.

Há coisas novas e velhas nas arcas do bom pai de família. É como se disséssemos que o cristão nem idolatra o passado nem receia o futuro. Simplesmente vive o seu tempo. Ama o que nele existe de bom, e empenha-se em corrigir o que vê de defeituoso. Não se empenha em proibir que se façam determinadas coisas só porque nunca foram feitas. No fervilhar de ideias tão próprio da nossa época, vai discernindo os germes daninhos e a boa levedura. Sem ceder a um entusiasmo ingênuo diante de todas as novidades, preocupa-se por descobrir, dentro do novo, a ideia ou o elemento que há de rejuvenescer o que estava antiquado, e que com frequência o antigo já prometia.

Há coisas antigas e coisas novas; mas também há coisas que não passam, porque se impõem a todas as épocas. São as leis da vida, leis divinas que não podem ser infringidas. São as palavras de Jesus Cristo, as quais, conforme Ele mesmo disse, permanecerão eternamente, apesar de tudo estar destinado a passar no céu e na terra. A verdade será eternamente verdadeira; a virtude será sempre virtude: estas são as duas grandes normas pelas quais podemos orientar-nos para avaliar a qualidade do que é velho, a fim de conservá-lo, e do que é novo, a fim de adotá-lo. Tudo aquilo que traz ao homem um maior bem-estar constitui um progresso, desde que não obscureça o seu critério moral. Porque o progresso humano não consiste apenas na melhora das condições materiais da existência: tem de incluir necessariamente o aperfeiçoamento moral do indivíduo, da família, da sociedade, sob pena de deixar de ser progresso.

Sobre este ponto, imagino que, numa família cristã, todos estarão de acordo, tanto os mais jovens como os mais velhos. É isto que nos permitirá não opor nunca uma geração a outra, mas sim unir o progresso à tradição. Desta forma, a juventude poderá beneficiar-se da sabedoria do passado, e os anciãos deixarão de sentir o peso da sua velhice.

A casa bem guardada

Sabei que, se o pai de família soubesse a hora em que viria o ladrão, não o deixaria perfurar a parede da sua casa.

(Lc 12, 39)

Na época do Salvador, eram muito comuns os ladrões e bandidos na Palestina, e a operação a que Jesus se refere era clássica.

Imaginemos a cena. Uns malfeitores põem os olhos numa casa situada fora do vilarejo e habitada somente pelo proprietário. Não há mulher nem filhos cujos gritos possam acordar os vizinhos. A noite está completamente escura. Não há maneira de arrombar a porta, pois o dono, antes de se deitar, trancou-a por dentro com uma barra de ferro; também não há janelas que se possam forçar. Mas isso não é obstáculo: no campo, não se usavam tijolos como nos povoados, e as paredes das casas se levantavam com uns simples sarrafos de madeira entrançados e cobertos de argila secada ao sol. Sem fazer ruído, os ladrões abrem um pequeno furo, ampliam-no pouco a pouco, e por essa abertura penetram no interior; depois, tendo amarrado e amordaçado o dono, lançam mão de tudo o que encontram pela frente e desapareçam com a mesma rapidez com que entraram. *Vós, pois, estai preparados, porque na hora em que não pensais virá o Filho do homem*, completa Cristo.

Mas não nos ocuparemos aqui deste ensinamento escatológico, e sim da observação levemente irônica de Jesus acerca do homem surpreendido pelos bandoleiros. É verdade que, se o pobre camponês soubesse o que estava para vir, ao invés de se deitar tranquilamente, ter-se-ia posto a vigiar bem e não teria deixado que lhe furassem a parede da casa. Certamente teria chamado alguns peões da aldeia mais próxima que, armados de uns bons varapaus, teriam dado uma bela surra nos sem-vergonhas. Infelizmente, porém, como sabemos, os ladrões não têm o costume de anunciar a hora da sua visita. É só depois de feito o estrago que o dono da casa se lembra de reforçar os ferrolhos e de colocar uns dispositivos de segurança, mas já é tarde...

Se o pai de família soubesse a hora em que viria o ladrão... No entanto, não é pouco sabermos que pode vir a qualquer momento e que o importante é não deixá-lo entrar. O leitor já terá percebido que não me estou referindo aos bandidos que gostariam de pôr as mãos nas nossas roupas e nas nossas joias. Falo de outros ladrões mais perspicazes, que se introduzem sem arrombar portas, e sobretudo muito piores, porque levam com eles o que temos de mais precioso: o afeto e a felicidade do nosso lar. Infelizmente, porém, com demasiada frequência só nos damos conta da sua passagem depois de terem feito os seus estragos.

Portanto, não é depois da visita do ladrão que devemos ficar atentos, mas antes; e, no caso de que estamos falando, a sua aproximação pode ser detectada por indícios inequívocos, que nos permitem livrar-nos dele a tempo.

O ladrão da felicidade doméstica não se apresenta repentinamente no lar: penetra pouco a pouco, a passos sorrateiros; envolve-se em silêncio. De início, nada muda quanto aos *hábitos* dos membros da família; mas mudaram as *atitudes*. Esfriam as demonstrações exteriores de afeto, ou o olhar das pessoas perde-se no vazio, indicando que a atenção está longe do que se diz ou se faz em casa naquele momento.

– «Em que está pensando?»

– «Eu? Em nada».

Em nada! É possível que a nossa intuição nos engane de vez em quando, mas não habitualmente. Pressentimos que, em torno da mesa familiar, um de nós vem ocultando alguma coisa. Não devemos tentar forçá-lo a revelar o seu segredo, pois isso só o levaria a encerrar-se ainda mais no seu mutismo, e a suspeita que sentiria formar-se à sua volta precipitaria um desenlace desastroso que é preciso evitar a todo o custo. Digamos-lhe a sós: «Graças ao seu silêncio, um ladrão introduziu-se na nossa casa. Pelo bem de todos, e principalmente pelo seu próprio, tenha a coragem de falar».

Queremos alguns exemplos? É essa menina que chega a tornar-se quase um mistério para a sua mãe. À mesa, é monossilábica, mas não está doente porque o seu apetite é bom. No entanto, é visível que se sente incomodada por todos e que tudo lhe pesa. Também os seus estudos e tarefas já não lhe interessam. Exteriormente, não faz nada que mereça censura, mas parece que só se sente feliz quando não há ninguém por perto. De vez em quando, deixa escapar um ou outro desabafo: – «Ah! se eu fosse rica!» Ou então: – «Pobre mãe! Você acha que eu vou viver atarefada como você, correndo da manhã até a noite atrás das coisas da casa? Eu quero é viver a minha vida!» Essa mocinha acaba de introduzir o ladrão dentro de casa.

Passemos agora ao filho mais velho, por quem a mãe sempre teve preferência. Parece-lhe agora que o seu carinho está sendo mal recompensado: o filho foge dela. Será um ladrão, ou uma ladra, quem o ronda? Quando ela o interroga – muito discretamente, é claro –, só recebe respostas evasivas. Quando sai para reunir-se com «a turma», não se sabe quem são nem o que fazem esses seus colegas. Ele mesmo só diz: «Ah, sei lá!»

É preciso dizer a esse jovem que, como é evidente, sabe muitíssimo bem com quem vai reunir-se e em que é que gasta o tempo. Não tem o direito de escondê-lo dos pais, pois eles mesmos já passaram exatamente pela mesma situação, e têm o direito de saber com quem o filho anda porque lhe querem bem. Por acaso teria vergonha de contar-lhes o que faz, se tivesse a certeza de que tudo está bem? Responder-lhes-ia com evasivas, se tivesse a consciência em paz? Deve falar-lhes com franqueza, e assim evitará o risco de cometer alguma tolice que mais tarde terá de lamentar amargamente.

A hora em que o ladrão penetra na casa é, pois, via de regra, o momento em que se introduz alguma dissimulação, alguma pequena hipocrisia. Mas, do mesmo modo que o bandido maltrapilho e sujo causa muitas vezes menos prejuízos do que o vigarista bem vestido e bem-falante, assim os ladrões que ameaçam mais gravemente a paz do lar são exteriormente corretos e revestem-se de aparências inofensivas.

Quantas vezes esses ladrões não são os próprios familiares do marido ou da mulher! É preciso visitá-los, ajudá-los nos seus problemas? Muito bem. Mas por que não se fala deles à noite? Já conheço a desculpa: «Quem sabe o que a minha mulher pensaria!»; «O meu marido não o compreenderia». Na verdade, o que deveria inquietá-los mais é justamente o seu silêncio sistemático!

Avancemos com rapidez, porque há ainda outros ladrões escondidos onde menos se pensa. A dona de casa, à noitinha, levanta uma e outra vez os olhos para o relógio: «A estas horas, ele já deveria ter chegado, ele que sempre é tão pontual. Devem ser os negócios que o retêm. Bem que o diz: hoje em dia, os negócios estão cada vez mais difíceis!» Difíceis, talvez; o que pelo menos é certo é que tendem cada vez mais a absorver, no dia a dia, o tempo que deveria reservar-se para o lar. Nos ambientes de empresários, as refeições de negócios tornaram-se uma espécie de necessidade periódica; na área comercial, quantos acordos não se concluem numa mesa de restaurante, depois de alguns aperitivos... E, mais de uma vez, o marido terá de voltar a sair depois do jantar: são as reuniões do sindicato, do condomínio ou uma que outra reunião de caráter simplesmente «amistoso»...

Nada disso é grave enquanto *não se esconder* alguma coisa dos familiares. Há pessoas que não têm esta franqueza, e por causa disso já tantos pais de família, absolutamente honrados sob todos os aspectos, acabaram por deixar-se arrastar – com a desculpa dos «negócios» – pelas paixões mais desprezíveis.

Terminemos com as palavras de Cristo: *Vós, pois, estai preparados*; vigiai, tende os olhos bem abertos. Isto não significa – suponho que o terei expressado com suficiente clareza – que seja preciso exercer no interior do lar uma vigilância minuciosa, ou que as pessoas devam espiar-se umas às outras, e menos ainda que se deva dar ouvidos às murmurações que vêm de fora. Semelhante sistema de desconfiança mútua em pouco tempo daria cabo de qualquer lar. O que indicamos, infelizmente, não constitui um remédio, porque, quando o mal se manifesta, já é muito tarde para remediá-lo. Trata-se apenas de uma atitude preventiva, mas que é infalível. Devemos fazer reinar no nosso lar *um regime de absoluta confiança recíproca*; devemos considerar como um dever dizer tudo uns aos outros.

Vós sois o corpo de Cristo – escrevia São Paulo –, *e membros uns dos outros* (1 Cor 12, 27). Num lar cristão, *todos* se olham *sempre* nos olhos. E então, por mais que apareçam os ladrões, a casa estará bem guardada.

À hora das refeições

Ele disse-lhes: Também vós sois ignorantes? Não compreendeis que tudo o que de fora entra no homem não o pode contaminar? Porque não entra no coração, mas vai ter ao ventre e daí sai para um lugar escuso? Com isto declarava puros todos os alimentos. E acrescentava: o que sai do homem é o que contamina o homem.

(cf. Mc 7, 16-23; Mt 15, 2-20)

As refeições constituem, ao longo do dia, dois períodos especialmente importantes para a vida do lar. À mesa reúnem-se todos os membros da família, ocupados em diversos trabalhos no resto do dia. A hora da refeição é aquela em que cada qual *se recreia* em todos os sentidos da palavra. É uma hora de folga, de descanso, de alegria. O corpo tira daí novas forças, enquanto o espírito e o coração se rejuvenescem.

Já percebemos a considerável importância que o Evangelho atribui às refeições? Para falar do Céu, Jesus utiliza a imagem familiar a todo o israelita piedoso: é o *grande banquete*, em que o Pai celestial reúne todos os seus filhos. Vemos, com frequência, o Salvador tomar parte em alguma refeição: em Caná, para festejar uma boda; em Betânia, onde se hospeda em casa dos seus queridos amigos; algumas vezes, à mesa de publicanos e pecadores; outras, convidado por gente virtuosa e por fariseus. E, de cada vez, essa ocasião íntima proporciona-lhe uma nova oportunidade para ministrar um ensinamento apropriado.

Certa vez, convida as multidões a repartirem entre si os pães que o seu divino poder multiplicou. E, na noite da Quinta-feira Santa, institui a sagrada Refeição na qual toda a humanidade é convidada a participar do Corpo e do Sangue que ofereceria a Deus na Cruz do Gólgota. Em muitos países, ainda hoje é costume que, em memória deste divino banquete, o pai de uma família cristã, antes de cortar as fatias do pão para cada um dos presentes, trace sobre o pão, com a ponta da faca, o sinal da Cruz.

Com efeito, o que caracteriza as refeições dos cristãos é que a sua primeira utilidade, a de alimentar o corpo, se oculta por trás de fins mais nobres. Constituem uma ocasião, em primeiro lugar, de *dar graças a Deus*, que nos proporcionou esse alimento graças aos frutos da terra; pouco importa que, segundo os costumes de cada lugar, seja o pai de família ou o mais pequeno dos filhos que reze a oração de ação de graças a Deus em nome de todos.

Em segundo lugar, são uma ótima ocasião de *rever amigos*; sentar-se à mesma mesa é, entre os ritos da nossa civilização, o que melhor testemunha o afeto e a confiança recíprocos.

Por fim, são em todas as épocas o momento mais oportuno, e talvez o único, em que se pode, quer na família, quer entre amigos, *ter conversas mais longas*, nas quais se estabelece a comunhão entre as almas.

Este último aspecto das refeições, o aspecto espiritual, é o que merecerá agora a nossa atenção, conduzidos pelas palavras do Senhor que citamos acima.

Uns fariseus foram de Jerusalém à Galileia a fim de apanharem o Senhor em alguma falta. Depois de observarem que muitos discípulos de Jesus se sentavam à mesa sem terem lavado as mãos, dirigiram-se a Ele e disseram-lhe: *Por que os teus discípulos não andam segundo a tradição dos antigos, mas comem o pão sem lavar as mãos?*

Os contemporâneos do Salvador costumavam fazer abluções antes de se sentarem à mesa, costume nada supérfluo num país quente. Para esse fim, antes da refeição principal do meio-dia, geralmente ao ar livre, preparavam-se grandes vasilhas cheias de água no pátio da casa, a fim de que os convidados pudessem lavar as mãos. Era uma precaução indispensável, pois normalmente, além da única colher com que cada um se servia dos temperos, não se conheciam os outros talheres – garfos e facas –, e assim usavam-se os dedos para tudo, quer para pôr os alimentos no prato, quer para levá-los à boca.

A ablução era uma simples regra de higiene, mas, por tratar-se de uma antiga tradição, os fariseus tinham-na elevado indevidamente à altura de rito religioso, e a sua transgressão parecia-lhes um sinal de impiedade. O Mestre, que em outras circunstâncias teria indubitavelmente aconselhado os seus discípulos a repararem o seu esquecimento, toma essa omissão como falta muito leve, em comparação com o formalismo hipócrita dos seus críticos. «Mãos sujas, responde, não são mãos impuras. Pode-se ter as mãos muito limpas e, no entanto, desagradar a Deus se o coração deixou de ser puro. A pureza da pessoa consiste na limpeza da sua consciência, na retidão dos seus pensamentos, na veracidade das suas palavras. O que revela a impureza do coração são as palavras más, ruins, difamatórias, que saem da boca. É isto», conclui, «o que suja o homem, mas comer sem ter lavado as mãos não o torna impuro».

Não quereria que interpretássemos mal esta lição. Nem o Pedrinho nem o Joãozinho devem deixar de lavar as mãos antes das refeições; pelo contrário, devem escovar muito bem as manchas de tinta que trazem da escola. Quanto aos mais velhos, também não se esquecerão de corrigir algum detalhe de asseio pessoal; devemos apresentar-nos à mesa como se assistíssemos a uma festa de família, *com as mãos limpas*; mas também com o *coração* purificado dessa poeira miúda que apanhamos fora de casa, e, na medida do possível, igualmente com o *espírito* purificado, livre de preocupações pessoais de que os outros não têm por que participar.

Nas conversas, cuidaremos além disso de que não nos escapem *palavras maldosas, juízos negativos ou difamatórios*, que tirariam brilho, rebaixariam ou obscureceriam esse momento agradável que as reuniões familiares devem constituir, como ocasiões em que se forja e se rejuvenesce o espírito familiar. É preciso que, à mesa da família, cada um traga e dê somente, mas por inteiro, o melhor de si.

Se for preciso estabelecermos umas regras mais precisas sobre as conversas à mesa, gostaria apenas de dizer que a primeira regra é *querer falar bem*. Mas não é supérflua esta recomendação? Não falo desses lares em que, durante a refeição, este se absorve numa leitura, aquele se levanta para ficar agarrado ao telefone, ou todos estão de olhos presos à televisão; logo de entrada, percebemos que a felicidade desapareceu dessa casa. Mas, na nossa casa, não haverá momentos, principalmente ao fim de um dia de trabalho, em que preferiríamos permanecer calados devido ao cansaço? Pois bem, este é justamente o primeiro esforço que temos de fazer: o de provocar a conversa, sustentá-la, animá-la. E esse esforço de caridade é responsabilidade principalmente dos mais jovens, sempre mais animados, mais amigos do riso e da brincadeira, e que sempre têm assuntos a comentar.

Acabamos de pronunciar a palavra *caridade*. A segunda regra é não faltar a ela, nem com os ausentes nem com os presentes. Santo Agostinho mandou escrever na parede da sua sala de jantar esta frase: «Quem quiser divertir-se em "morder" a reputação dos ausentes, saiba que para ele não há nada para "comer" nesta mesa». É verdade que, de vez em quando, um dito picante poderá ferir alguém que se sinta aludido, sem no entanto fazer-lhe mal algum. Mas esses ditos não devem passar de um pouquinho de sal que se acrescenta à comida, porque não nos esqueçamos de que são uma encosta resvaladiça.

Além disso, uma mesa onde se murmura converte-se numa mesa onde se briga. Depois de se ter exercitado à custa dos ausentes, a mania de criticar costuma voltar-se contra os presentes. Se as brincadeiras sem maldade podem ser agradáveis, contanto que não se prolonguem, a ironia dos que pretendem impor-se é intolerável, humilhando profundamente aqueles cujas singularidades se exageram. Não falemos mal dos ausentes nem causemos sofrimento aos presentes, pois há bastantes temas de conversa.

Os estudos das crianças, o trabalho dos mais velhos, as alegrias de uns e de outros, as ocupações do pai de família devem interessar a todos os da casa. Como também um bom filme, um bom livro, os acontecimentos públicos, as notícias dos jornais, os grandes problemas que hoje em dia nos desafiam podem constituir para todos matéria inesgotável de uma fértil troca de ideias. Alguém exprime o seu ponto de vista, os outros escutam-no e depois formulam alguma pergunta. Uma conversa não é um monólogo; e o diálogo não dá origem a discussões quando se afastam as asperezas e cada qual procura mais instruir-se do que impor-se.

Quantas coisas se podem aprender à mesa familiar! E o maior benefício de todos é, sem sombra de dúvida, que ali cada um aprende a formar o seu próprio critério e as suas próprias opiniões. Porque nunca nos faltam meios para nos esclarecermos acerca do que ignoramos, não só fora de casa como dentro dela. O que importa, acima de tudo, é *aprender a pensar* bem.

Por fim, o grande título de honra de um lar cristão é o vigoroso *senso comum* que ali reina e que nada pode substituir. Essa máxima, esse adágio que ouvimos à mesa com tanta frequência que chegamos a rir deles, acabaram por gravar-se na nossa consciência, e mais de uma vez evitaram que cometêssemos determinado erro ou fizéssemos uma tolice.

O homem que sabe escutar, diz a Sagrada Escritura, *falará vitoriosamente* (Prov 21, 28). Os mais novos não devem perder nada do que se diz à mesa; de tanto ouvir, aprenderão o que convém dizer e o que convém calar. Quanto aos pais, é bom que deixem os filhos falar bastante, mas devem sempre acrescentar a sua opinião.

O Senhor, ao comentar a parábola do semeador, dizia: *A semente significa a palavra de Deus.* O que se aplica eminentemente à Revelação divina aplica-se também a toda a palavra humana. A palavra é sempre uma semente, uma semente de verdade ou de erro, de bem ou de mal. A palavra é uma pequena parte da nossa alma que penetra no espírito do nosso interlocutor. Que todas as nossas palavras sejam outras tantas sementes de luz, de fortaleza, de confiança, de alegria! É possível que muitas sejam levadas pelo vento; mais de uma, porém, encontrará o seu caminho até algum coração ao qual possa levar um grande bem.

O melhor cardápio

Em qualquer cidade em que entrardes e vos receberem, comei o que vos puserem diante.

(Lc 10, 8)

A utilidade e o atrativo das conversas que animam as refeições não nos devem fazer esquecer a sua principal razão de ser. Tratemos, pois, muito simplesmente, do singelo prazer de sentar-se à mesa.

Depois de termos trabalhado tanto como nos foi possível, certamente merecemos restaurar as nossas forças. Foi com alegria que tomamos o caminho de volta para casa, procurando não chegar atrasados. A cortesia, com efeito, exige a pontualidade de todos, e com frequência a qualidade da refeição também o pede. Melhor ainda: por que não tentamos chegar a casa alguns minutos antes da hora, a fim de prestarmos uns aos outros esses pequenos serviços tão naturais numa família? A satisfação de sentar-se a uma mesa bem posta pede de cada um que colabore do melhor modo possível. A irmã mais velha dispõe um ramalhete de flores no centro da mesa e o Paulinho toma a iniciativa de colocar a mostarda perto do prato do pai. Esta pequena solicitude da parte de todos infunde já por si, na sala de jantar, uma atmosfera de harmonia e de bom humor.

E agora, bom apetite! Depois de termos dado graças a Deus, cumprimentamos a mãe pela salada, que está excelente. Na nossa casa, não se ouve a pergunta: «O que temos hoje para comer?» Todos esperam que seja a dona de casa a anunciar o cardápio do dia, e não lhe respondem nem com as exclamações de aprovação próprias de um rapaz esfomeado – «Batatas fritas? Sensacional!» –, nem com os eternos protestos dos resmungões: «De novo macarrão! Sempre essas cenouras!»...

Os difíceis de contentar fariam muito bem em pensar que há pessoas que se sentiriam muito felizes se pudessem contar todos os dias com esse mesmo prato de que, segundo dizem, já estão saturados. E se esta reflexão os deixa insensíveis, eu lhes poria diante a frase do Senhor que citamos acima. Talvez perguntem:

– «Mas, desde quando o Evangelho se ocupa do cardápio das refeições?»

– «Como você vê, no Evangelho há de tudo, e Jesus levou em conta até mesmo o seu caso...»

Quando Nosso Senhor Jesus Cristo enviou os setenta e dois discípulos em viagem missionária, incumbindo-os de divulgar a sua mensagem pelas aldeias e povoados da Galileia, entre as instruções que lhes deu sobre o modo de se comportarem, fez-lhes também essa recomendação: *Em qualquer cidade em que entrardes e vos receberem, comei o que vos puserem diante.* Não deveriam resmungar se a comida fosse muito leve, nem fazer cara feia se por acaso o prato estivesse mal temperado. Do mesmo modo, onde a mesa fosse mais abundante e os pratos mais delicados, não deveriam pôr cara de ascetas, mas fazer jus à comida que lhes fosse servida.

Comei o que vos puserem diante. Não nos causa uma certa estranheza que o Senhor em pessoa, o Filho de Deus feito homem, não nos doutrine unicamente acerca das mais elevadas verdades religiosas, mas desça familiarmente aos menores detalhes da nossa vida diária? Ora, é perfeitamente razoável admitir que o Senhor teria passado por alto esse comentário se não atribuísse grande importância a esses detalhes. Nós desfazemo-nos em grandes promessas de fidelidade, pensamos em sacrifícios heroicos por sua causa, e Ele responde-nos: «Quereis honrar o meu nome, seguir-me até a Cruz? *Comei o que vos puserem diante.* É nessas renúncias despercebidas, nessas abnegações alegres, nessas pequenas submissões às preferências dos outros, que Eu reconheço os meus verdadeiros discípulos».

Não imaginávamos que a mesa de família fosse um caminho tão direto para a perfeição? Mas é. O cardápio agrada-nos? Agradeçamo-lo à pessoa que se esforçou por dar-nos esse gosto. Não nos agrada? Aceitemos com igual gratidão que ela tenha procurado satisfazer o gosto de algum outro membro da família. Para um cristão, o melhor cardápio é aquele que lhe servem. Diz o refrão: «Não há melhor comida do que um bom apetite», mostrando-nos que, quando temos fome, tudo o que comemos nos parece excelente.

Subamos, porém, a um plano mais elevado: o desejo de não deixar mal os outros, de não causar um desgosto à dona da casa, de não diminuir o bom humor de todos e – por que não? – a satisfação de podermos oferecer a Deus uma mortificação secreta, a única que lhe agrada, tudo isto nos levará a *comer* com simplicidade *o que nos puserem diante*.

Numa ou noutra das nossas viagens, não teremos alguma vez reparado no ar envergonhado daquele senhor que tira de uma sacola a comida fria, preparada com esmero pela sua esposa? Num instante, todos os circunstantes têm o olhar cravado nele; não é nada discreto, mas não deixa de ser divertido ver como vai tirando as suas provisões uma depois da outra. A mulher solícita previu tudo, mesmo o pequeno cartucho de papel que contém o sal. O pobre homem sente-se constrangido diante desses olhares curiosos. Recolhido no seu canto, olha obstinadamente em outra direção, contemplando talvez uma paisagem que no fundo não lhe interessa. Gostaria imensamente de já ter terminado, mas ainda lhe falta engolir, sem engasgar, um ovo cozido inteiro...

A cena muda por completo quando é toda a família que está de viagem. O pai dedica-se a preparar a bebida, a mãe distribui a cada um a sua porção. Com frequência, oferece gentilmente aos companheiros de viagem algum doce ou alguma fruta. Não se pode negar: não fomos feitos para comer sozinhos. A refeição é um ato social, fraterno, comunicativo, justamente porque é um ato humano.

A instituição da refeição mostra-nos claramente como o homem é diferente dos animais. Estes, por instinto, lançam-se sobre a comida. Se estão em grupo, brigam entre si, arrancando um ao outro a presa desejada, e cada qual procura ficar com a maior parte. É a lei do «cada um por si», na qual triunfa o mais forte ou o mais cruel. Em contrapartida, apreciemos o valor educativo que podem ter as refeições em família, na medida em que nos obrigam a obedecer a outra lei, humana e divina ao mesmo tempo: a do «cada um por todos».

À mesa de família, cada qual começa por esperar a sua vez de servir-se, e esta simples «medida sem importância» recorda-nos que formamos uma comunidade. À mesa de família, tudo é repartido e oferecido aos outros, e ninguém se serve sem pensar no que deve deixar para os outros. Numa mesa cristã, ninguém escolhe o que prefere: cada um aceita a sorte que a travessa ou a sopeira lhe depara.

As sociedades mais perfeitas e mais unidas são aquelas em que se exerce uma autoridade que é respeitada por ser equitativa. À mesa de família, considera-se muito razoável que a mãe reserve a porção mais suculenta para a criança pálida que se encontra em fase de crescimento. E não é sem intenção que ela deixa cair uma colherada mais de feijão no prato daqueles que têm de fazer maior esforço físico. Já observamos, além disso, que a mãe é sempre a última a servir-se, e que os bons bocados nunca vão parar no seu prato. Vez por outra, não poderiam os filhos fazer a brincadeira de escolher para si mesmos a porção menos atrativa do prato, para que a mãe fique de vez em quando com o melhor pedaço? Não se preocupem: ela certamente não permitirá que essa operação se repita duas vezes.

Lembremo-nos, por fim, do conhecido episódio daquele rapazinho convidado a repartir uma maçã com a sua irmã «como bom cristão», isto é, conservando para si o pedaço mais pequeno. E o espertinho, percebendo imediatamente do que se tratava, passou a fruta para a irmã enquanto lhe dizia: – «Tome, corte-a você – *como boa cristã*...» Pelo menos, esta historinha prova que sempre temos de fazer um pouco de violência interior para tratar os outros melhor do que a nós mesmos.

Quantas virtudes temos ocasião de cultivar à mesa de família! Aprendemos a moderar os nossos caprichos, a querer o que não quereríamos, a interessar-nos pelos outros ao invés de pensarmos em nós mesmos. A máxima de Jesus: *Comei o que vos puserem diante* é uma definição perfeita da virtude da temperança: como só raramente obtemos tudo aquilo que esperamos, aprendemos assim a apreciar momento a momento o pouco que possuímos.

O adjetivo «contente» tem a mesma etimologia que o verbo «conter». Um homem contente é um homem que se contém. Permanece dentro dos limites que o momento presente lhe impõe. Desfruta do lado bom de cada coisa e das qualidades de cada um, mas conserva o sangue-frio nas dificuldades. Ao invés de esperar que os acontecimentos ou as outras pessoas lhe tragam a felicidade, luta com método e perseverança para melhorar a sua sorte. E, como se contém, não desanima nunca.

Os descontentes formam uma legião neste mundo, e nunca lhes faltam motivos para queixar-se; mas por que se fazem assim tão inutilmente desgraçados? *Comei o que vos puserem diante.* Temos vontade de fazer má cara? Pois então, olhemos ao nosso redor. Um cristão tem o direito de estar descontente, e esse direito é antes um dever, quando um dos seus irmãos sofre ou é maltratado. Cabe-lhe então tomar a defesa dessa pessoa, e privar-se do que for necessário para aliviar-lhe a carga. Mas os descontentes perpétuos, ao invés de esperar que lhes sirvam sempre o melhor, deveriam acostumar-se a servir os outros. Quando se compartilhou algo de próprio com alguém – *como um bom cristão –*, pelo menos se pode estar contente consigo mesmo.

A casa enlutada

Quando chegaram à casa do príncipe da sinagoga, Jesus viu o alvoroço e a gente desfeita em prantos e grandes alaridos. E, tendo entrado, disse-lhes: Por que vos perturbais e chorais? A menina não está morta, mas dorme.

(Mc 5, 39)

O Evangelho conduz-nos, nesta passagem, ao seio de uma casa enlutada. Acabava de morrer a filha de um dos chefes da sinagoga de Cafarnaum, uma criança de doze anos. O relato de São Marcos, mais completo e circunstanciado que o de São Mateus, convida-nos a assistir a uma cena que se desenrolava logo depois de um falecimento, segundo o costume imemorial dos judeus: amigos e vizinhos apareciam na casa e entregavam-se a ruidosas lamentações; carpideiras profissionais acrescentavam às lágrimas da família os seus gritos agudos, e os músicos tocavam árias fúnebres.

De repente, no meio de toda a desordem e alvoroço, aparece Jesus acompanhado de Jairo, pai da falecida, e seguido pelos três grandes Apóstolos Pedro, Tiago e João. A sua voz cheia de autoridade domina o tumulto: *Por que vos perturbais e chorais? A menina não está morta, mas dorme*. Extinguem-se os lamentos da multidão para dar lugar ao sarcasmo: *E zombavam dele*, escreve o evangelista. Ninguém os fará acreditar nessa falsidade, pois já viram a pequena no seu leito e sabem muito bem que está morta.

Mas o Salvador manda sair toda a gente e, acompanhado do pai, da mãe e dos três Apóstolos, sobe ao andar do quarto em que jaz o corpo da menina defunta, estendido sobre o lençol que lhe servirá de mortalha, já ungido com mirra e aloés. Os pais contêm a respiração. Uma imensa esperança brota-lhes no coração arrasado pela dor. Jesus toma a mão da menina: *Talitha, kûm*, diz-lhe: *Menina, eu te ordeno, levanta-te*. Diante dessas palavras, a menina levanta-se imediatamente, afasta os panos que a envolviam e começa a andar. *Dai-lhe de comer*, acrescenta o Mestre.

O que terá acontecido pela vida fora com aquela menina? Com certeza cresceu, passou por todas as idades da existência humana e, depois de fechar os olhos aos seus pais, voltou a cair nas trevas da morte. Não foi propriamente por causa dela que o Senhor a ressuscitou, mas por ter-se compadecido da dor dos seus pais. De uma maneira ou de outra, porém, os desígnios de Jesus ultrapassavam as quatro paredes daquele quarto em que teve lugar o milagre.

Os que se tinham dirigido àquela casa para as cerimônias fúnebres e acabavam de zombar dEle estão agora mergulhados no maior assombro. Mas não só eles:

também os seus discípulos e, através deles, o mundo inteiro. Onde quer que se pregue o Evangelho, todos terão doravante a possibilidade de compreender a grandeza das suas palavras: *A menina não está morta, mas dorme.* Cristo provou diante de testemunhas que os defuntos não deixaram de viver: a morte não passa de um sono, não suprime a vida, antes é a passagem para a vida definitiva. Felizes aqueles que adormecem na paz do Senhor, pois acordarão nos seus braços.

Muitos de nós evocaremos, neste momento, a lembrança dos nossos pais, já falecidos. Por mais duro que nos pareça o momento da separação, é, no entanto, natural que aqueles que nos precederam aqui na terra também nos precedam na eternidade. Mas quando a morte não segue a ordem natural, quando não respeita os prazos, é mais difícil reprimir um sentimento de rebeldia contra o que nos parece uma injustiça. Ninguém se atreverá a censurar uma mãe pelo desespero que experimenta diante da morte de um filho pequeno ou adolescente, vítima de um acidente estúpido ou de uma enfermidade oculta. Alguém que observe o caso de fora, talvez se limite a comentar que o acidente poderia ter sido evitado, ou se interesse pelas causas hereditárias ou outras da doença que veio a ser fatal; mas a pobre mãe nunca compreenderá por que esse doloroso transe teve de atingir justamente o *seu* filho. O tempo pode atenuar outras penas, mas não consegue fazer cicatrizar a ferida que a morte de um filho causa no coração da sua mãe; essa chaga nunca há de cicatrizar.

Este mundo não é capaz de nos dar a resposta que aplacaria a dor dessa pobre mãe desolada. A cada primavera, mostra-lhe as maçãs a amadurecerem na árvore e, ao pé dela, inúmeras flores brancas caídas no chão. Por que caem umas e outras não? Por que tantas flores que nunca darão fruto? Não o sabemos. E mesmo que essa mãe *soubesse* por que foi ferida no mais fundo da sua alma, por acaso isso lhe pouparia sequer um ápice do seu sofrimento? Não, o único remédio é repetir com frequência as palavras de Cristo: *A menina não está morta, mas dorme.* Não, isto não é uma ofensa à sua dor. O próprio Jesus chorou diante do túmulo do seu amigo Lázaro; Ele conhece a extensão do sofrimento de uma mãe e a amargura da sua solidão, e, para assegurar-lhe que não se encontra só na sua dor, que aquele filho não a deixou para sempre, quis deixar-lhe um penhor de que a morte não passa de um sono, e por isso ressuscitou a filha de Jairo.

Que essa mãe conserve, pois, toda a dor no seu coração, mas que a envolva também na esperança. Em breve, com a ajuda de Deus, terá a certeza de que o seu filho chegou antes dela à casa do Pai, e então será capaz de dominar a sua sensibilidade. O seu marido e os seus filhos têm necessidade de que domine a sua dor, e ela deve permitir-lhes que lhe ofereçam a compensação de um carinho redobrado. A vida do lar tem de prosseguir, e isso não poderá acontecer enquanto ela não recuperar a energia e a confiança. *O seu filho não está morto, mas dorme.*

Também se encontra enlutado, e ainda com maior motivo, o lar que se vê privado do seu chefe natural, e cuja carga recai inesperadamente sobre os ombros da viúva. A quem sofreu o impacto desta desgraça, também de nada lhe servirá perguntar-se sobre o que aconteceu, pois o espírito se obscurece e o coração se extravia. Não sabemos por que o raio atingiu justamente o mais belo carvalho do bosque, nem por que um lar perfeitamente unido tem de ver-se assim repentinamente desfeito. Para agravar ainda mais a situação, a viúva vê-se obrigada a assumir sozinha inúmeras responsabilidades para as quais não estava preparada, e geralmente em circunstâncias mais difíceis, porque a morte do marido a deixou em condições materiais mais apertadas.

É normal, além disso, que os órfãos se apinhem especialmente em torno da mãe, que deve servir-lhes de apoio apesar de ela própria ter perdido o seu apoio. É verdade que o coração de uma mãe é capaz de amar em dobro, e por isso certamente não faltará carinho aos filhos, embora falte a autoridade do pai. Mas a mãe viúva deve ter cuidado para não se apegar tão intimamente aos filhos que acabe por mimá-los e por ter ciúmes da sua independência. Mais que as outras mães, tem de preparar os seus filhos e filhas para que saibam cuidar de si mesmos, e favorecer e orientar-lhes o espírito de iniciativa, para que se tornem independentes o mais cedo possível. Com sacrifício e abnegação, terá de formar-lhes o caráter, a força de vontade, e assim descobrirá neles as qualidades do pai que perderam e o apoio do esposo do qual se viu privada.

E quando, pelo contrário, é a mãe que é prematuramente arrebatada pela morte ao afeto dos seus? Neste caso, o luto penetra até as mais recônditas profundezas do lar. Normalmente, as condições materiais da existência não se veem afetadas, mas percebe-se a todo o momento a ausência daquela que pensava em tudo e em todos. Que falta se sente da sua palavra, que sempre sabia levantar o ânimo dos seus! Nunca mais poderá haver verdadeira alegria naquele lar, pois a mãe não estará ali para compartilhá-la. De certa forma, levou todo o lar consigo, a tal ponto que, em mais de um caso, o único remédio será construir um novo.

O leitor não me censurará por ter-me detido num tema tão austero. Certamente conhecemos alguns desses lares enlutados, pois às vezes os temos muito perto da nossa própria casa. Não seria conveniente dizermos a essas pessoas, pelo menos uma vez, que temos plena consciência da enorme carga de fidelidade, de sacrifício e de valente nobreza que se encerra num lar enlutado?

Quanto àqueles a quem os lutos prematuros foram poupados, por pouco que desejem pensar nisso, devem ter em conta que a hora da separação chegará inevitavelmente. Às vezes, os cônjuges pensam: «Como seria bom se pudéssemos partir juntos!» Pelo menos, para quem partir primeiro, como será tranquilizador poder exprimir com o seu último olhar: «Sempre te amei fielmente»! E que consolo, para quem fica, poder dizer daquele que se foi: «Dele – ou dela – só recebi felicidade»!

E, sobretudo, que consolo um e outro poderão receber da nossa fé cristã! A morte não é uma porta que se fecha, mas uma porta que se abre. É um sono. Não é somente o final de algo que não era duradouro, mas o começo de uma vida que nunca mais terá fim. Bem sei que sempre desejaríamos saber mais acerca dos nossos falecidos: saber onde se encontram, como estão e o que fazem. Uma densa cortina os esconde de nós. Mas nós, cristãos, temos de ter muito claro que, sempre que alguém procura descobrir os mistérios do além-túmulo, se limita a remexer na sua própria ignorância. A nós, basta-nos dar ouvidos à doce voz da liturgia cristã, que nos assegura: os nossos queridos falecidos dormem o *sono da paz* porque *repousam em Cristo* (cf. *Missas pelos mortos*).

Repousam em Cristo! Jesus Cristo, nosso divino Irmão mais velho, *primogênito entre os mortos* (Col 1, 18), vive na glória e na felicidade. Podem os nossos falecidos ser infelizes descansando nos seus braços? Sabemos o bastante, afirma São Paulo, para *não nos entristecermos como os outros, que não têm esperança* (1 Tess 4, 12). Pesemos bem as palavras com que São João, o discípulo amado de Jesus, descreve a comitiva dos eleitos da Igreja triunfante, e que a liturgia se compraz em recordar-nos durante o mês de novembro: *E o mesmo Deus será o seu Deus. Enxugar-lhes-á todas as lágrimas dos olhos; e não haverá mais morte, nem luto, nem clamor, nem dor, porque tudo isso passou* (Apoc 21, 3-4).

A sagrada família de Nazaré

> *Quando o viram, admiraram-se. Sua Mãe disse-lhe: Filho, por que procedeste assim conosco? Eis que teu pai e eu te procurávamos cheios de aflição. Ele respondeu-lhes: Por que me buscáveis? Não sabíeis que devo ocupar-me nas coisas de meu Pai? Eles, porém, não entenderam o que lhes disse. Em seguida, desceu com eles a Nazaré e era-lhes submisso.*
>
> (Lc 2, 48-51)

A liturgia católica inseriu no seu calendário uma festa da Sagrada Família, comemorada atualmente no primeiro domingo depois do Natal. Ora, não há nenhum tema que possa ser mais adequado para a nossa meditação do que este.

À primeira vista, talvez imaginemos que os santos moradores da casa de Nazaré deviam ser tão diferentes de nós que dificilmente os poderíamos tomar como modelos, mesmo nas famílias mais cristãs. Por acaso a intimidade entre Maria e José não ultrapassa de longe todas as nossas possibilidades de análise? Quanto à educação de Jesus, já estava feita de antemão...

No entanto, seria desconhecer o verdadeiro caráter da obra da nossa Redenção supor que Jesus não foi realmente uma criança como todas as outras, e que a singular vocação dos seus pais era incompatível com o carinho que os cônjuges devem ter um pelo outro. Algumas palavras de Lucas permitem-nos, pelo contrário, receber da Sagrada Família uma lição da qual todos os lares podem tirar proveito. Uma lição indireta, é verdade, pois o que o evangelista se propõe, ao relatar o episódio do Menino perdido no Templo, é mostrar-nos que, aos doze anos, Jesus manifestou de repente, como num relâmpago, a sua personalidade divina.

Conhecemos bem o episódio: Jesus, entregue já à missão para a qual tinha vindo ao mundo, não quis deixar o Templo onde pela primeira vez tinha vindo adorar o Pai. Ficou em Jerusalém sem que Maria e José o soubessem, e estes não notaram a sua ausência até chegarem ao final da primeira etapa da viagem de volta, já ao anoitecer. No dia seguinte, regressaram à Cidade Santa, oprimidos pela mais terrível angústia, e por fim, na manhã do terceiro dia, encontraram-no no Templo, rodeado de doutores da Lei admirados com a sabedoria precoce daquele adolescente. A sua Mãe não pôde conter-se e disse-lhe publicamente: *Filho, por que procedeste assim conosco? Eis que teu pai e eu te procurávamos cheios de aflição.*

Todos os pais cristãos deveriam meditar estas palavras de Nossa Senhora: *Filho, por que procedeste assim conosco?* Maria não se limita a desabafar a sua dor, não deixa simplesmente transbordar a angústia que lhe oprimia o coração: pelo contrário, dirige ao seu Filho uma bela e conveniente repreensão, que Ele, segundo todas as aparências, tinha merecido; e essa repreensão é também uma pergunta, porque Maria tinha necessidade de conhecer os motivos que haviam levado Jesus a proclamar dessa forma a sua independência.

Enquanto José e Maria puderam pensar que o Menino se teria extraviado entre a multidão ou sido vítima de um acidente, consideravam-se certamente culpados de não o terem guardado bem e acusavam-se dessa negligência que lhes terá parecido uma falta imperdoável. A sua dor ia unida ao remorso. Agora, porém, reconhecem que Jesus permaneceu intencionalmente no Templo, sem lhes ter comunicado o seu propósito e, mais ainda, sem ter em conta a mortal inquietação que lhes causaria. O seu Filho, até então tão dócil e tão amoroso, tinha agido assim com eles! Maria não perde de vista que se trata de Jesus; mas, mesmo assim, repreende-o em público e pede-lhe contas da sua conduta, pois também não perde de vista que é a sua Mãe, e que estaria faltando ao seu dever se não exercesse a sua autoridade.

Será verdade o que às vezes se ouve dizer para explicar os erros de conduta de alguns jovens: que os pais já não sabem fazer-se obedecer, e também não se atrevem a mandar? Nós, pelo menos, sabemos que a autoridade não é um direito a que possamos renunciar caprichosamente, mas uma obrigação imposta por Deus. É evidente que os pais não têm o direito de impor sem razão nem motivo os seus caprichos e preferências, pois isso seria autoritarismo; mas têm o dever de ensinar aos filhos as leis que lhes hão de assegurar o desenvolvimento e o aperfeiçoamento em todos os campos da vida. E quando os levam a conhecer, não a sua vontade, mas a lei, em pouco tempo conseguem fazer com que obedeçam. Os pais têm de ajudar os filhos a vencer as resistências que o temperamento lhes opõe à execução dos seus deveres. Na infância, esta ajuda – que lhes é indispensável – terá muitas vezes de assumir a forma de uma coação; mais tarde, porém, consistirá principalmente em convencê-los.

A finalidade de toda a educação é conduzir os filhos a usar bem da sua liberdade. Neste sentido, nem sempre é conveniente expor-lhes qual é a *nossa* vontade, mas ensiná-los a querer o bem. Dediquemos um pouco de tempo a expor-lhes as razões pelas quais damos determinadas ordens; uma ordem bem motivada deixa, de certa forma, de ser uma ordem. Além disso, a nossa autoridade não deve ser nem minuciosa nem meticulosa: devemos saber fechar os olhos a tolices sem importância. Tenhamos em conta também que, no aprendizado da liberdade, o melhor mestre, o mais persuasivo, é o exemplo dos pais, pois a criança acostuma-se facilmente a imitá-los. Por fim, levemos os jovens a amar o dever, particularmente quando é difícil; e, para isso, mostremos-lhes que confiamos neles, prestando atenção ao que dizem e estimulando-os nos seus primeiros esforços.

É evidente que a paternidade requer paciência e perseverança. Às vezes, os pais cansam-se de repetir as mesmas observações. Mas é preciso que saibam vencer esse cansaço, usando umas vezes de firmeza, outras de doçura, sem nunca abandonar a tarefa que Deus lhes confiou para o bem daqueles a quem mais amam neste mundo.

E Maria acrescentou: *Eis que teu pai e eu te procurávamos cheios de aflição.* Por maior que fosse a sua própria dor, Maria coloca-se abaixo de José. O Menino faltou em primeiro lugar contra a autoridade do chefe de família. Mas aquelas horas atrozes tinham sido vividas por ambos. As tribulações revelam aos cônjuges, com mais clareza do que a alegria, que ambos formam *uma só carne.*

«*Teu pai e eu*»; «a sua mãe e eu»: feliz o filho que ouve com frequência essas quatro palavras, que significam uma decisão tomada em comum pelos seus pais. Percebe imediatamente que de nada adiantaria recorrer a um deles para furtar-se à decisão do outro. E esta é exatamente a condição de uma educação eficaz. Se o filho surpreendesse uma divergência de olhares ou qualquer vacilação num dos pais, não tardaria a comprovar-se a veracidade desta lei formulada pelo Salvador: *Se uma casa estiver dividida contra si mesma, não poderá permanecer em pé* (Mc 3, 25). Se a mãe permite o que o pai proíbe; se o pai, com a palavra ou com o exemplo, desfaz o que a mãe ensina, a criança não poderá ser educada; sente-se autorizada a julgar tanto um como o outro, e rapidamente vai ampliando essa brecha que encontrou na autoridade familiar, adulando ora este, ora aquele, para conseguir a realização dos seus desejos.

Em alguns lares, dá a impressão de que se pensa que a severidade é tarefa do pai, e o perdão tarefa da mãe. Esta irritante divisão do trabalho é prejudicial não só ao bem do filho, mas também à harmonia conjugal. Se o pai não passa de um distribuidor de pancadas, a criança terá medo dele, mas também desprezará aquela que sempre consente nas suas travessuras e confessa abertamente a sua própria debilidade. É preciso que, de comum acordo e guiados unicamente pelo bem da criança, o pai e a mãe sempre demonstrem uma perfeita harmonia, quer devam usar de energia, quer seja o caso de mostrarem compreensão. «*Teu pai e eu*», «a sua mãe e eu». Em casa, não há senão uma única autoridade.

Mas se esta unidade for somente artificial, não se manifestará na educação dos filhos. O amor sincero e a confiança recíproca entre os cônjuges devem levá-los a aproximar os seus pontos de vista, às vezes divergentes, e a completar mutuamente as suas personalidades. E então acabarão efetivamente por pensar do mesmo modo.

Não dispomos aqui de espaço suficiente para continuarmos a comentar esta passagem do Evangelho, mas gostaria pelo menos de falar da admiração que merece o respeito com que Maria e José aceitam a explicação de Jesus. Quando ficam a saber que o Filho obedeceu a uma disposição divina, inclinam-se imediatamente, mas também recebem em seguida a recompensa pela sua abnegação. Jesus deixou aqueles doutores maravilhados, e imediatamente *desceu com eles a Nazaré*. *Era-lhes submisso*, diz São Lucas, terminando o seu relato. Uma afirmação incompreensível para quem não tem em conta que o Filho de Deus se fez homem e *aprendeu a obediência* (Heb 5, 8), obedecendo em primeiro lugar às criaturas que ocupavam o lugar de seu Pai junto dEle.

Aos jovens que lerem estas páginas, gostaria por fim de lhes dizer que devem ser igualmente submissos aos seus pais; é verdade que eles não são infalíveis, mas são desinteressados. Dar-lhes ouvidos é, pois, o único meio de lhes demonstrar a gratidão e o afeto que merecem. Afinal de contas, o sinal distintivo das famílias cristãs é justamente o fato de todos procurarem em primeiro lugar obedecer a Deus, e em seguida o modo de agradarem uns aos outros, à custa de pequenos sacrifícios aceitos com alegria. Tanto os pais como os filhos só devem temer uma coisa: fazer sofrer os outros. E a maior alegria de todos será também uma só: fazer felizes os outros.

Quando os filhos crescem

> *O menino crescia e se fortificava cheio de sabedoria, e a graça de Deus estava com ele. [...] Jesus crescia em sabedoria, idade e graça diante de Deus e dos homens.*
>
> (Lc 2, 40.52)

Os desígnios da Providência exigiam que o Messias começasse a sua missão no mais rigoroso segredo. Por isso, o Evangelho só contém duas breves notas de São Lucas sobre a adolescência de Jesus, que nos dizem apenas que o Menino crescia em idade e sabedoria, como também em graça diante de Deus e dos homens.

A forma pela qual o Verbo encarnado soube unir a sua ciência divina, que não podia crescer, ao desenvolvimento normal do saber humano, é um mistério que não somos capazes de compreender. Mas não nos deve estranhar que Deus se fosse comprazendo cada vez mais em Jesus, nem que o encanto que emanava da sua pessoa lhe valesse o favor crescente dos homens. Basta-nos, por outro lado, pensar que, se Jesus crescia como todas as crianças, Maria experimentou a admiração e a alegria da mãe que segue diariamente os progressos do seu filho, e essa reflexão permite-nos extrair uma série de lições singularmente proveitosas para todos os pais cristãos.

O menino crescia. Estas simples palavras despertam o orgulho de qualquer mãe, obrigando-a ao mesmo tempo a uma secreta renúncia. Com efeito, que mãe não terá pensado alguma vez: «Ah, se este meu filho pudesse continuar sempre tão pequeno como é agora!»? Não existe maldade alguma nesse inocente egoísmo, e não há por que culpá-la por isso. Sim, toda a mãe precisa de uma grande capacidade de abnegação para aceitar a ideia de que esse menino, que hoje é incapaz de fazer qualquer coisa sem ela, dentro de algum tempo já não precisará dos seus solícitos cuidados. Essa mãe era feliz quando guiava o filho nos seus primeiros passos? Sem dúvida; no entanto, ao ensiná-lo a andar, era ela mesma quem lhe dava os meios para que mais tarde viesse a afastar-se dela.

A criança, pelo seu lado, não deseja de modo algum continuar pequena. Quando os seus pais se queixam, por motivos econômicos, de que as mangas da sua blusa se vão tornando curtas muito rapidamente, ou de que é preciso trocar-lhe os sapatos a toda a hora porque lhe apertam os pés, o menino, pelo contrário, só encontra motivos de satisfação ao ver que ultrapassou o sinal marcado seis meses antes no batente da porta. Quer continuar a crescer, como crescia o seu irmão mais velho de Nazaré.

Na verdade, também os pais se sentem felizes vendo crescer os filhos, e inquietam-se com razão se o seu desenvolvimento é demasiado lento. Infelizmente, há crianças que não crescem por falta de alimentação adequada ou dos cuidados necessários. O ideal seria que todos os pais pudessem proporcionar aos filhos a alimentação, a higiene e os exercícios físicos convenientes para o seu desenvolvimento físico, porque o estado de saúde e o crescimento normal do corpo não deixam de ter influência sobre o desenvolvimento das faculdades intelectuais e morais, que são o assunto de que desejaria ocupar-me mais extensamente nestas páginas.

Crescer em sabedoria é muito importante para a criança; queremos referir-nos com isto aos progressos que deve conseguir no domínio da inteligência, da consciência e da vontade, faculdades que farão dela um homem perfeito. Ora bem, o papel dos pais neste campo, sem ser exclusivo nem suficiente, é no entanto de vital importância. Aqui só desejo comentar que, para favorecer o crescimento humano dos filhos, o importante é não forçá-lo nem retardá-lo.

O menino crescia: encontramo-nos diante de uma lei natural que não se pode refrear impunemente. É necessário dar tempo ao tempo para que as árvores cresçam e produzam frutos maduros. E a mesma coisa acontece com essas pequenas plantas humanas que nos foram confiadas. Entre elas, aparecem de vez em quando algumas naturezas excessivamente dotadas, mas deverá ser isso motivo de alegria ou até de pressa? Com a idade de seis anos, Mozart era aplaudido pelo seu talento e pelas suas composições em todas as cortes da Europa; trinta anos mais tarde, concluía a sua inverossímil carreira em tal abandono que teve de ser enterrado numa vala comum... Não, é melhor que as mães não sonhem com ter meninos-prodígio. Não é bom que uma criança seja mais velha do ponto de vista mental do que o é do físico. As personalidades mais vigorosas são aquelas que, com toda a normalidade, têm um desenvolvimento gradual.

É preciso não forçar o crescimento dos filhos, o que exige, da parte do educador, uma grande paciência e doçura. Não devemos irritar-nos com a criança cujos progressos, quer nos estudos, quer no caráter, não são tão rápidos como desejaríamos. Não a repreendamos por uma pequena travessura, pois tem necessidade de brincar e de rir, e sobretudo não a obriguemos a estar sempre séria. Os pais costumam queixar-se da indiferença ou da má vontade dos filhos pequenos, porque – dizem – não prestam atenção às repreensões ou ensinamentos; apesar das aparências, porém, podem ficar tranquilos a este respeito, porque a criança é sensível ao que lhe dizem, mas, como ainda é pequenina, logo pensa em outra coisa.

É preciso reconhecer que às vezes se pede o impossível aos filhos pequenos: que estejam quietos, que prestem atenção durante longo tempo, que sejam mais reflexivos, que tenham espírito de perseverança nos seus bons propósitos. Por acaso nós, adultos, somos capazes de fazer tudo isso? Certamente não se deve deixar de recordar-lhes que têm de cumprir o seu dever, sem no entanto estranhar que deixem de fazê-lo com certa frequência. Um bom educador repreende com senso de oportunidade e de modo sereno, sem impor exigências excessivas; mais do que reprimir as deficiências da criança, procura discernir as suas aptidões e dar-lhe condições para desenvolvê-las. Desta forma, favorece o seu crescimento sem violentá-lo.

Por outro lado, um pai que queira ser um bom educador cuidará também de não retardar nem contrariar o crescimento normal dos filhos. As crianças muito mimadas costumam ser desajeitadas e lentas no seu desenvolvimento intelectual e moral. Há pais bem-intencionados que se obstinam em pensar e querer em nome dos filhos, imaginando que estes devem parecer-se com eles; desta forma, absorvem a sua personalidade, ao invés de facilitar-lhes o voo autônomo, ou limitam a sua legítima independência e alimentam neles, imprudentemente, uma tendência à rebeldia que cedo ou tarde acabará por explodir.

Os jovens são idealistas e inclinados às utopias, e os pais estão ao lado deles para moderar esses impulsos, não para destruí-los. Não devemos rir diante dos entusiasmos um tanto tresloucados de um adolescente; pelo contrário, devemos aprovar-lhe a generosidade, enquanto a temperamos com um grão de prudência. A juventude é exagerada por natureza, e os pais não devem assustar-se com os seus ímpetos: é a seiva que mais tarde fará nascer os frutos. Aos arranques paradoxais de uma personalidade em formação, seria uma estupidez opor um absolutismo de sinal contrário; é preciso dirigir para finalidades boas a exuberância de ideias desse filho ou dessa filha, ao invés de sufocá-las inutilmente.

A influência que os pais exercem sobre os filhos depende em boa medida da perspicácia com que tiverem sabido, no tempo oportuno, não precisamente *abdicar* da sua autoridade sobre eles, mas *compartilhá-la* com eles, dando-lhes a liberdade de dizer tudo o que quiserem, para somente depois explicar-lhes tudo o que os pais sabem e pensam ser verdade. Chega uma hora em que é preciso aconselhar mais do que ordenar; e assim, respeitando a liberdade dos filhos, os pais os vão preparando para fazerem uso dela de maneira mais reflexiva.

Neste momento delicado da sua formação, do qual voltaremos a falar mais adiante, os pais cristãos terão o orgulho de poder dizer dos seus filhos o mesmo que o evangelista escrevia a respeito de Jesus: *O menino crescia e se fortificava cheio de sabedoria, e a graça de Deus estava com ele.*

Para isso, comecemos desde já a formar neles uma consciência cristã. E, para este fim, nada será mais eficaz do que o exemplo da nossa fé, contanto que seja atrativo. Devemos agir de tal maneira que os filhos possam admirar a nossa atitude religiosa, sem lhes dar motivos para criticá-la. Neste sentido, todos os nossos esforços para fazê-los conhecer, admirar e amar Jesus Cristo, a sua Pessoa e o seu sublime Evangelho, terão sobre o seu crescimento uma influência salutar que os sustentará nas lutas interiores da adolescência. E, acima de tudo, não passemos um só dia sem rezar pelos filhos. A Sagrada Escritura mostra-nos o comovedor exemplo dessa oração paterna na pessoa de Jó: *Ao amanhecer, oferecia um holocausto por intenção de cada um dos seus filhos; porque, dizia, talvez os meus filhos tenham pecado e amaldiçoado a Deus nos seus corações. Assim fazia Jó todos os dias* (Jó 1, 5).

A idade ingrata

Ele encolerizou-se e não queria entrar. Mas o pai, saindo, começou a pedir-lhe que entrasse.

(Lc 15, 28)

Esta frase do Evangelho encontra-se no final da parábola do filho pródigo. Toda a casa participava da alegria do pai e festejava o retorno do filho mais novo que voltara, arrependido. Na sala iluminada, os músicos tocavam músicas alegres, quando o irmão mais velho se apresentou, não chegando de uma diversão, mas do trabalho do campo. Assim que percebeu o motivo da festa, irritou-se. Como! Ele, que jamais faltara ao trabalho, não tinha sido nunca objeto de uma atenção parecida. Essa injustiça era demasiado gritante. E não quis entrar.

Quantos ensinamentos poderíamos extrair deste pequeno detalhe da parábola: poderíamos falar sobre o orgulho da virtude, sobre os ciúmes e a inveja, ou sobre o mau humor, essa ferida impiedosa que encontramos em alguns lares. Mas, para darmos continuidade ao tema de que falávamos antes, queria deter-me apenas na longa crise de mau humor que caracteriza o período da adolescência, também chamada «idade ingrata».

A palavra é por si só muito expressiva, porque a palavra «ingrato», mais do que indicar falta de agradecimento, significa *desagradável*, como nas expressões «uma figura ingrata», «uma tarefa ingrata». Os que entraram na idade ingrata, com efeito, já perderam o encanto da infância, sem terem ainda alcançado o equilíbrio da idade adulta: o rapaz de cabelo revolto tem o nariz demasiado longo, a mocinha desespera-se por causa da gordura que começa a notar em si mesma. Esse aspecto físico é como que o sinal externo de um estado interior extraordinariamente cheio de contrastes, que se manifesta também em asperezas e impertinências.

Alguns pais alarmam-se com demasiada facilidade diante dessa inevitável transformação, apesar de eles mesmos a terem sofrido a seu tempo. A idade ingrata é aquela em que as paixões do adolescente, tanto boas como más, começam a chocar-se entre si. Algumas vezes, mostra-se generoso, outras egoísta; ora é afetuoso, ora distante; ora delicado, ora rude. Transforma-se rapidamente de ativo em negligente, de idealista em materialista. É que a sua personalidade está em plena formação, e assim não devemos estranhar se vemos tantas escórias a flutuar na superfície. O que os pais devem fazer é ajudar o filho ou filha a eliminá-las, a purificar o metal da sua alma, a fim de lhe dar uma têmpera sólida.

Mais irritante ainda do que as bruscas mudanças de humor, é o espírito de contestação de que os adolescentes dão provas a cada momento. Compreendo muito bem como pode ser implicante a sua mania de criticar as observações dos pais e de introduzir os seus «poréns». No entanto, é preciso ter paciência, pois é muito provável que, depois de percorrerem um circuito mais ou menos longo, retornem em mais de um ponto às ideias que ouviram expressar em casa desde a infância. A sua personalidade está em formação, repetimos, e é natural que se manifeste em primeiro lugar por uma oposição às ideias que receberam. Descobriram a importância de pensar por si mesmos, e já não querem que as verdades lhes sejam impostas de fora.

No entanto, não estão enganados os pais que exclamam, diante dos primeiros paradoxos do adolescente: «Mas quem foi que lhe meteu essas ideias na cabeça?» Com efeito, a origem das «novas doutrinas» que apregoam são umas leituras ou os seus companheiros; mas não seria justo pensar que não houve aí nenhum esforço de reflexão pessoal, quer quando rejeitam algumas opiniões tradicionais, quer quando passam a aceitar pontos de vista completamente diferentes dos pais.

É verdade também que os juízos do adolescente são ditados em boa parte pela simpatia ou antipatia que sentem pelas pessoas que professam as ideias entre as quais estão em vias de fazer as suas opções. Por fim, acrescentemos também que, no caso deles como no nosso, os conceitos que defendem se encontram em boa medida na dependência dos seus estados de consciência, estão em maior ou menor grau influenciados pelos seus desejos e temores, e constituem um reflexo fiel da sua vida interior. Mas é justamente pelo livre jogo de todas estas influências que os filhos já crescidos aprendem a pensar por si mesmos. É um aprendizado sempre perigoso, mas sem ele não se adquirem convicções pessoais. Não será desejável que esse trabalho se realize sob o olhar dos pais?

Para isso, é essencial que os pais se esforcem por compreender os filhos adolescentes. Já sei que são intolerantes, taciturnos, insuportáveis. Mas se o seu modo de falar beira o desaforo, deve-se em ampla medida à dificuldade que têm de formular ideias nas quais aprofundaram pouco. É preciso prestar uma atenção especial ao tema da religião, já que a agressividade que manifestam nessa matéria esconde, com muita frequência, um pedido de socorro dirigido aos pais para que os ajudem a ver claro os problemas cuja complexidade começam a descobrir.

As suas dificuldades, além disso, não são apenas intelectuais. A idade ingrata coincide com o despertar da vida sentimental, cujas primeiras paixões não deixam de perturbá-los. Os pais não devem esperar que eles tomem a iniciativa de abrir-se nestas matérias secretas. Por si mesmos, tenderão a fingir indiferença ou, por um reflexo de pudor, evitarão o tema lançando mão de gracejos. Isso já deveria bastar para que os pais perspicazes compreendessem que, desse momento em diante, devem falar livremente aos filhos das realidades que os aguardam, e orientá-los para que não enveredem por um caminho errado.

Nesta época de transição, que pode ser decisiva, os pais terão de esforçar-se por conservar plena confiança no filho adolescente. Não dirão nada que possa levá-lo a encerrar-se no seu mutismo ou a fechar-se em si mesmo. Aceitarão alegremente a realidade indubitável de que os seus filhos e as suas filhas, muito embora continuem a ser seus filhos, e por isso mais do que nunca dignos de interesse e de cuidados, já deixaram de ser crianças.

E se os filhos nem sempre se mostram francos, dóceis às orientações que recebem, os pais dispõem, no entanto, de um meio que ajudará esses filhos a dobrar sem muito esforço o «cabo das tormentas» que ainda os separa da sua vida de homens maduros, e a pôr um freio nas suas exuberâncias: é acostumá-los ao *respeito*. E a melhor maneira de os pais incutirem nos adolescentes essa virtude é começarem eles mesmos por dar exemplo dela.

Os jovens examinam com lupa as fraquezas dos pais. Mas... não será porque ouviram, à mesa, criticar uns e outros, os avós, os vizinhos, as autoridades? Substituamos o fácil prazer da crítica pelo que lhe é oposto, o *sentido crítico*, que lhes permitirá distinguir a verdade do erro, sem que se extraviem julgando as pessoas. Admiremos diante deles tudo o que é grande, a virtude, o valor do trabalho, o poder do gênio humano, o mérito das abnegações ocultas. Deste modo, poderemos levá-los a deixar de lado as críticas negativas.

Exijamos em casa, da parte de todos, atitudes de cortesia e de correção. Não toleremos vulgaridades na linguagem. Se os próprios pais falam com dignidade das coisas do amor, abrirão diante dos filhos horizontes que lhes revelarão a grandeza da sua futura missão. Não devem ser nem repressores meticulosos, que gostam de humilhar os outros, nem companheiros que se deixam tratar de igual para igual; devem ser pais e mães amorosos, e os filhos não os ousarão contristar, e saberão mostrar-se cheios de atenções para com eles.

Cultivar o hábito do respeito é a melhor salvaguarda nas crises da adolescência, e é o comportamento dos pais que o inculcará nos filhos. Na parábola que citei no começo, quando o irmão mais velho tem uma explosão de cólera, é o seu próprio pai quem sai de casa para acalmá-lo. Sempre é o pai quem tem de dar *o primeiro passo*, quer se trate de perdoar o filho culpado, quer se trate de convencer o filho descontente.

Um pai e uma mãe cristãos não se rebaixam de maneira alguma quando se esforçam por socorrer um filho que se busca a si mesmo ou que se extraviou. Nunca terão de arrepender-se por terem compartilhado as lutas de consciência ou as primeiras inquietações dos seus filhos. É preciso que se mantenham próximos dos adolescentes nesta idade difícil. Assim os filhos lhes deverão as suas convicções e a sua retidão moral, e os farão esquecer as extravagâncias da idade ingrata mediante toda uma vida de dedicada gratidão.

As bodas de Caná

Três dias depois, celebravam-se umas bodas em Caná da Galileia e encontrava-se lá a mãe de Jesus. Foi também convidado Jesus com os seus discípulos.

(Jo 2, 2)

Nestas reflexões sobre ensinamentos do Evangelho referentes ao lar, não podemos passar por alto as bodas de Caná, porque deixaríamos um vazio demasiado clamoroso. Vamos, pois, dedicar a elas dois capítulos.

Não nos estranha que o Messias, de quem os seus contemporâneos esperavam milagres espetaculares, quisesse dar o primeiro sinal da sua missão numa granja de aldeia, na casa de uns amigos que o tinham convidado para o banquete de bodas dos seus filhos? Não nos surpreende ver que o Salvador inaugurou os seus milagres por ocasião do ato mais comum e ao mesmo tempo mais grave da vida dos homens, aquele pelo qual duas pessoas se entregam uma à outra para fundar um lar?

Celebravam-se umas bodas em Caná da Galileia e encontrava-se lá a mãe de Jesus. Foi também convidado Jesus com os seus discípulos. Que significa a presença do Filho de Deus nestas bodas, senão que Ele deseja estar presente em todas as famílias, a fim de abençoar e fortalecer o amor entre marido e mulher? *E os dois serão uma só carne* (Lc 10, 8): esta é a disposição de Deus; e Jesus ensina-nos aqui qual é o segredo para se atingir essa unidade perfeita, que nada deve romper: o ponto de união entre os cônjuges é Ele mesmo.

Neste momento, penso particularmente nos filhos e filhas dos que me leem. Ultrapassada a idade ingrata da qual falávamos no capítulo anterior, encontram-se eles agora de frente para a vida. Desejam casar-se. Já passou, é verdade, o tempo em que os pais se encarregavam diretamente do casamento dos filhos: atualmente, são eles mesmos que escolhem o seu futuro cônjuge, o que, em si, não é nenhum mal; pelo contrário, é melhor do que o que se fazia noutros tempos.

Como é natural, há de vez em quando alguns exageros, como quando o rapaz ou a moça colocam subitamente os pais diante do fato consumado, como se estes não tivessem nada a dizer. No fundo, é bem possível que o conselho paterno não modifique a decisão dos filhos; no entanto, os pais têm obrigação de dar o seu parecer, não *depois*, quando talvez já seja demasiado tarde, mas *antes*. Devem dizer-lhes, desde cedo, o que se espera de uns jovens cristãos como eles. Devem dizer-lhes que, em prol da solidez do seu futuro lar e, em consequência, da sua felicidade, também eles têm necessidade de *convidar Jesus para as suas bodas*.

O que significa isto? Em primeiro lugar, penso que significa que devem *preparar-se* cristãmente para o casamento, com uma disciplina que os torne donos da sua própria sensibilidade.

Uma moça deve ter consciência de que, com relação ao casamento, não há nenhum encanto mais sedutor do que a sua *reserva*. Como é eloquente esta palavra! Reservada nos seus propósitos e atitudes, ela *se reserva* para a obra divina que fará dela uma mãe, isto é, um ser de amor e de dor.

Por sua vez, também o rapaz tem que dominar as suas primeiras emoções. Para ele, é conveniente ter consciência de que uma primeira simpatia não tem por que desembocar necessariamente no matrimônio; por outro lado, convém que aprenda também a resistir à atração física, que poderá levá-lo a ser infiel no dia de amanhã. Será muito bom para ele poder admirar na sua mãe e nas suas irmãs as qualidades que lhe permitirão formar uma imagem ideal daquela com quem deseja casar-se. Neste sentido também, a reserva não é uma virtude negativa, conseguida à base de privações; é um *heroísmo* juvenil que permite ao rapaz não desperdiçar prematuramente as primeiras seivas da vida.

A preparação para o casamento não se exerce somente no campo da sensibilidade. Os jovens devem estar bem convencidos de que a lei primordial da vida conjugal é o esquecimento próprio. Faz tremer a ideia de que há moças jovens que pretendem casar-se para terem «maior independência». Que desilusões as esperam, e que péssimas esposas serão! Não é em vão que se contrai matrimônio diante do altar: o casamento é um sacrifício, o sacrifício de duas independências. É a sujeição a uma obra comum, que requer dos cônjuges a disposição de se suportarem um ao outro, mediante concessões recíprocas e uma abnegação sorridente, tanto de uma parte como da outra. Em certas aldeias do interior, havia o costume de adornar o quarto da noiva com rosas e cardos, símbolo das alegrias e das dificuldades da vida em comum. Símbolo terrivelmente expressivo, pois as rosas murcham rapidamente, ao passo que os espinhos perduram.

Há jovens formados na escola do Evangelho que só se dispõem a ficar noivos sob o olhar de Cristo. Muito bem; mesmo assim, porém, não devem ter pressa. Os noivados em idade prematura estão sujeitos a inúmeros riscos, até do ponto de vista sentimental. Além disso, os noivos não devem esquecer que um dia terão de assumir a responsabilidade econômica do seu lar, e que não será natural que vivam à custa dos seus familiares. É preciso, pois, que contem com Deus também no sentido de esperar que Ele coloque no seu caminho aquele ou aquela que lhes destinou.

Hoje, encaram-se com horror os casamentos por conveniência; no entanto, é preciso que o casamento contraído por amor seja também conveniente. Quantas separações e quantos desentendimentos não se devem a uniões decididas às pressas! Uma escolha acertada requer total liberdade de espírito; e aqui já se manifesta claramente a grande dificuldade dos casamentos por amor: escolhe-se o cônjuge porque se ama; mas, a partir do momento em que se ama, adeus liberdade! Assim, a opinião desinteressada dos pais sempre será de grande ajuda para os jovens, não para lhes impor uma decisão alheia, mas para lhes iluminar a própria. Via de regra, tanto os pais como os filhos podem errar quando dizem *sim*; mas, se o filho diz *não*, os pais fariam mal em insistir; e, se são os pais que dizem *não*, o filho faria bem em inclinar-se.

O casamento não é uma aventura amorosa; é um ato social que traz consigo não somente aspectos financeiros, mas condições de saúde, de educação, de mentalidade, sobre as quais os juízos de um pai ou de uma mãe são mais competentes e seguros. A prudência consistirá em pedi-los e em levá-los em conta.

Uma vez feito tudo isso, os jovens noivos já têm todo o direito de convidar Jesus para as suas bodas, o que significa que o Evangelho passará a ser a lei indiscutida do futuro lar.

Esta lei, segundo os seus detratores, seria desumana porque, num mundo em que tudo está em constante mudança, obriga uns pobres seres, inconstantes pela sua própria natureza, a prometer um ao outro uma fidelidade exclusiva e perpétua. Mas Cristo tinha presente a objeção porque, quando restabeleceu o preceito da indissolubilidade do casamento, respondeu aos que se assustavam com esse rigor: *Nem todos compreendem esta palavra, mas somente aqueles a quem foi concedido* (Mt 19, 11).

Efetivamente, o casamento cristão, monogâmico e indissolúvel, não está ao alcance de todos. Faz parte de um sistema doutrinal que o justifica, e pressupõe por parte dos esposos uma vida religiosa suficientemente desenvolvida para que sejam capazes de respeitar as obrigações que derivam dessa concepção da vida matrimonial. Separado do conjunto da doutrina cristã, isolado desse ponto de apoio, o casamento indissolúvel poderá efetivamente parecer algo tirânico. Uns se revoltam e vão-se embora, outros resignam-se, aceitando a reflexão de Tomás Graindorge: «Conhecem-se durante três semanas, amam-se durante três meses, brigam durante três anos e toleram-se durante trinta anos, e os filhos repetem o mesmo». Triste perspectiva, sem dúvida.

Mas aqueles a quem foi dado compreender o Evangelho encontram, pelo contrário, dentro das exigências do casamento cristão, a própria garantia da sua felicidade. Com efeito, essas obrigações constituem a fiel tradução dos sentimentos mais profundos que Deus gravou no coração humano. As palavras que um homem e uma mulher pronunciam espontaneamente quando descobrem que se amam são as mesmas em todas as línguas e sob todos os céus: «*Só* você, e para *sempre*». Unidade e indissolubilidade. É a linguagem do absoluto, a única capaz de expressar o verdadeiro amor. O dom total de si mesmo exclui toda a reserva e toda a possibilidade de voltar atrás.

Assim, os cristãos, para não perderem de vista a sua própria fraqueza, fortificam-se contra ela opondo-lhe um compromisso irrevogável, que neutraliza antecipadamente as tentações da inconstância a que eventualmente estarão sujeitos. A palavra «sempre» do seu juramento será a sua salvaguarda.

Este advérbio – «sempre» – lança o homem em cheio no infinito. Mas, ao convidarem Jesus para as suas bodas, os cônjuges cristãos introduzem entre eles um princípio de eternidade. O próprio Deus será, a partir desse momento, o laço de união inquebrantável entre os seus corações.

Quando os esposos envelhecem

> *Todo o homem serve primeiro o vinho bom, e, quando já beberam bem, então lhes serve o inferior; tu, pelo contrário, tiveste o bom vinho guardado até agora.*
>
> (Jo 2, 10)

O relato das bodas de Caná permite-nos ainda uma segunda aplicação, que diz respeito aos esposos anciãos. Como certamente recordaremos, os donos da casa enganaram-se nos seus cálculos, e a provisão de vinho esgotou-se cedo demais. Nesses casos, costumava-se recorrer aos vizinhos, com o compromisso de devolvê-lo mais tarde.

Mas Maria notou imediatamente que ia faltar vinho e, desejando poupar aos seus hospedeiros um aborrecimento que certamente os mortificaria, dirigiu-se imediatamente ao seu Filho: *Não têm vinho.* O Senhor ainda não havia realizado nenhum milagre; Nossa Senhora não pretendia, portanto, pedir-lhe que fizesse algum. Muito provavelmente, pensou que Ele enviaria alguns dos seus discípulos ao povoado para comprarem o vinho na quantidade necessária. Já sabemos o que aconteceu depois: seis grandes talhas, cheias de água até à borda, passaram de repente a conter um vinho excelente.

Sob os olhares de cumplicidade dos criados que tinham ido à fonte encher as talhas, o mestre-sala, sem suspeitar de nada, provou esse vinho que lhe foi apresentado por último. E não conseguiu conter o seu espanto diante do noivo: *Todo o homem serve primeiro o vinho bom, e, quando já beberam bem, então lhes serve o inferior; tu, pelo contrário, tiveste o bom vinho guardado até agora.*

Estas palavras constituem um símbolo do que acontece nas vidas conjugais santificadas por Jesus Cristo. Há inúmeros casais neste mundo que, depois da embriaguez dos primeiros anos, se deixam afundar na rotina, ou sofrem de um cansaço vital que já nada é capaz de remediar; os esposos cristãos, em contrapartida, ao invés de verem esgotar-se a sua felicidade, vão saboreando com o correr dos anos alegrias cada vez mais suaves, como se a Providência também lhes tivesse reservado o melhor vinho para o fim. Esta é, com efeito, a ordem estabelecida por Deus, e o leitor cujos cabelos já tiverem encanecido certamente saberá reconhecê-la.

Todas as idades da vida têm a sua beleza e as suas servidões, e é injusto o homem que se queixa daquilo que ainda não tem, ou daquilo que não voltará a ter, ao invés de alegrar-se com o que tem. A idade dos cabelos brancos não se caracteriza apenas pela decadência das forças físicas; é também a idade em que a sensibilidade alcança o seu equilíbrio, em que o juízo se torna moderado e justo, e a vontade mais serena: é a idade da prudência sorridente e afável.

No entanto, há uma tentação traiçoeira que se insinua com frequência no espírito dos que envelhecem: a de se considerarem inúteis. «Terminei a minha tarefa», dizem, «e já não sirvo para nada; em breve serei uma carga para os meus familiares». Mas é preciso tirar quanto antes essas ideias negras da cabeça.

Os filhos encontram-se bem estabelecidos há já algum tempo, mas isso não significa nem de longe que os seus pais lhes sejam inúteis. Quantos pais não comprovam que, depois de os filhos os terem deixado, os têm mais perto do que quando moravam juntos debaixo do mesmo teto? Conhecem-nos melhor, e, por sua vez, também são mais bem compreendidos. Quando os pais já não têm recomendações a fazer aos filhos, são estes que passam a buscar voluntariamente os seus conselhos, que além disso são dados com mais agrado e mais calma do que antes, e com maior desinteresse, pois o ancião sabe abstrair mais facilmente do seu ponto de vista pessoal.

Os pais tornam-se então esse «homem pacífico e bom» de que fala a *Imitação de Cristo*, que «tudo contempla com bons olhos, que se mantém em paz e sabe comunicá-la aos outros» (II, 3). Os filhos mais velhos confiam-lhes com gosto as suas alegrias e as suas penas, porque descobrem que os seus pais esperaram e sofreram tal como eles, e talvez mais do que eles. Por outro lado, os anciãos perderam a rigidez de outros tempos, que nem sempre convidava à confidência, e agora sabem escutar unicamente com a sua ternura. Com uma só palavra, ou simplesmente com um sorriso e um silêncio, sabem infundir nos filhos, conforme o caso, ora paciência, ora coragem.

Os pais envelhecidos não têm, pois, o direito de dizer que são inúteis. Se os filhos os rodeiam solicitamente, não é apenas porque sentem mais necessidade do que antes de lhes demonstrar o seu reconhecimento; é também porque encontram junto deles o apoio que ninguém mais lhes sabe dar. Agora são seus filhos de um modo mais consciente que nunca; a vida talvez os obrigue a estar menos tempo com os pais, mas são mais *seus*. O melhor vinho tinha ficado guardado, com toda a razão, para o final do banquete.

Haverá por acaso maior alegria que a de ser avô ou avó? Um após outro, os filhos dos filhos obrigam os pais de seus pais a permanecer jovens. Quem é capaz de ficar insensível diante de um avô que passeia com o seu netinho? Andam de mãos dadas, e é difícil adivinhar qual dos dois caminha mais ufano, com mais despreocupada alegria. Ou então, observemos um garoto a conversar com a sua avó. Não para de falar; com efeito, onde encontraria um ouvinte mais benévolo que ela? E quando chega a vez de a avó contar alguma história, o garotinho faz-se insaciável. «E depois?», perguntará continuamente. Este pequeno filósofo de quatro anos já sabe que, aqui em baixo, nada tem fim.

As especiais afinidades que há entre avós e netos não se devem somente à simplicidade que ambos compartilham; há entre eles essas inocentes cumplicidades de que Vítor Hugo nos legou uns exemplos inesquecíveis. Quem de nós não se lembrará de ter sido descaradamente mimado pelos seus avós? Quantas vezes não foram eles o nosso refúgio na dor, quando alguma travessura nos acabava de custar uma boa surra paterna ou materna? No meio das nossas lágrimas, compreendíamos então, pelo silêncio dos nossos avós, que estes consideravam o castigo demasiado duro, ou pelo menos inoportuno, e recuperávamos a confiança.

Não nego de maneira alguma que os avós, às vezes, deem provas de uma indulgência excessiva; via de regra, porém, quando mitiga a severidade do pai e da mãe, essa indulgência contribui em boa medida para lhes reforçar a autoridade.

No entanto, à medida que os anos passam, também os pequenos se fazem mais velhos e se afastam por sua vez da casa paterna. Tornam-se cada vez mais raras as ocasiões em que é possível reunir toda a família. E o destino cotidiano dos esposos anciãos é encontrarem-se sós, frente a frente, na mesa da sala de jantar que se tornou demasiado grande para os dois.

Mas este encontrarem-se um diante do outro não lhes recordará os primeiros tempos da sua vida em comum, quando os seus olhares não se separavam nunca? Iniciou-se uma nova intimidade. Mais do que nunca, vivem agora um para o outro. Antes, mal era possível estarem a sós: a educação dos filhos não lhes deixava tempo para pensarem em outra coisa, e as suas respectivas ocupações os situavam em campos de ação diferentes que, apesar de tudo, os separavam um pouco. De agora em diante, podem desfrutar plenamente um do outro, mais atentos, mais carinhosos, mais generosos do que nunca.

Se o amor entre marido e mulher já não tem os ardores juvenis de outrora, pelo menos pode gozar da mesma exclusividade do começo. As esperanças dos primeiros anos foram substituídas por algo muito maior, que é a confiança mútua. As rugas não fizeram diminuir o afeto mútuo, que agora se tornou quase imaterial, mas nem por isso deixa de ser mais delicado e mais terno: é um novo amor que parece começar. À semelhança do vinho de Caná, é melhor agora do que no começo.

Avançar em idade significa sempre caminhar para a vida, para mais vida, para a vida definitiva a que Deus nos destinou. Marido e mulher podem agora prepará-la juntos. Durante uma existência ativa e tantas vezes difícil, carregada de uma infinidade de trabalhos, nem sempre lhes foi possível dar a Deus a parte que lhe correspondia. Mas hoje, já menos absorvidos pelas necessidades exteriores, podem enfim recolher-se. O anoitecer da vida favorece muito mais a contemplação das realidades eternas, a leitura das Sagradas Escrituras, as meditações apaziguadoras, as últimas decisões que libertam e transformam as almas.

Situados mais perto de Cristo, cujo perdão apaga os nossos erros e faltas, os esposos que envelhecem dispõem-se a saborear o vinho que Jesus prometeu compartilhar com os seus discípulos no Reino de seu Pai. Lá haverão de amar-se com um amor que o Salvador comparava ao dos anjos, nas regiões eternas onde a palavra «para sempre» encontra enfim a sua plena realização.

O momento da oração

> E, quando orardes, não sejais como os hipócritas, que gostam de orar de pé nas sinagogas e nos cantos das praças, a fim de serem vistos pelos homens. Em verdade vos digo que já receberam a sua recompensa. Tu, porém, quando orares, entra no teu quarto e, fechada a porta, ora a teu Pai em segredo; e teu Pai, que vê o que se passa em segredo, te dará a recompensa. Nas vossas orações, não useis muitas palavras como os gentios, os quais julgam que serão ouvidos à força de muito falar.
>
> (Mt 6, 5-7)

Nesta passagem do Evangelho, o Senhor não condena o culto público; Ele próprio frequentava a sinagoga, e nós o vemos participar de muitas cerimônias no Templo de Jerusalém. Por maioria de razão devemos nós assistir às cerimônias religiosas a fim de participarmos da oração da Igreja, que continua na terra a oração de Cristo. Jesus também não critica o costume da oração em comum que se vive em tantas famílias cristãs; muito pelo contrário, chega a recomendar a oração coletiva:

Porque onde se acham dois ou três reunidos em meu nome, aí estou eu no meio deles (Mt 18, 20).

Para entendermos corretamente a recomendação que o Senhor nos faz aqui – a de nos retirarmos para o nosso quarto a fim de orar –, não devemos separá-la do seu contexto. Jesus proíbe os seus de imitar determinadas pessoas da sua época que ofereciam diariamente um espetáculo que qualquer bom israelita teria considerado de bom tom: onde quer que se encontrassem, paravam de repente para fazer as suas orações. Alguns desses *hipócritas*, como lhes chama o Mestre, gostavam de ser surpreendidos entregues à oração em plena rua ou nas esquinas das praças públicas: assim podiam exteriorizar a sua piedade diante de todos. «Esses senhores não devem esperar ser ouvidos por Deus nessa sua oração ostentatória», diz o Senhor. «Já obtiveram o que buscavam: a admiração dos homens. Essa será a sua única recompensa».

O discípulo de Cristo, pelo contrário, não deve fazer alarde da sua religião; antes deve evitar cuidadosamente o ruído e os olhares da multidão. «Volta para tua casa, escolhe para orar o lugar mais recolhido e, se por acaso não dispões de um quarto silencioso, entra no depósito onde guardas as tuas ferramentas. Fecha a porta para não seres incomodado nem observado, e teu Pai, que te vê e te ouve no segredo da tua consciência, te responderá». Nós, que queremos construir um lar cristão, temos que seguir essa recomendação de Cristo, adaptando-a às condições reais do nosso lar; mas, sejam quais forem essas possibilidades concretas, o que é indispensável é que reservemos todos os dias uns momentos para estar a sós com Deus.

Todos temos uma absoluta necessidade de silêncio, e a vida moderna parece estar empenhada em no-lo recusar. Não é verdade que tudo conspira para multiplicar o barulho ao nosso redor? Na rua, é o ruído dos automóveis e as sirenes das fábricas; no trabalho, o estrondo das máquinas ou as intermináveis conversas entre pessoas que não são capazes de deixar de falar o tempo inteiro. E se conseguimos isolar-nos por um momento, basta abrirmos o jornal para que, num instante, tudo o que acontece no mundo se derrame no nosso espírito: os eventos políticos, as notícias esportivas, acidentes de todo o tipo e até o lamentável estrondo das bombas que semeiam a morte e a ruína sobre a terra. Se ao menos fosse possível encontrarmos um pouco de calma quando chegamos a casa... Mas não, não podemos evitar que o vizinho ligue o rádio, e eis que nos vemos transportados sem querer para o meio de um show de jazz, quando não é uma banda de rock que se dedica a ensurdecer-nos. Temos toda a razão quando dizemos que já não nos pertencemos. Os outros, todos os outros, nos invadem, e já não temos tempo para refletir.

O Senhor arranca-nos dessa dispersão. Ele quer que todos os dias, pelo menos durante alguns minutos, nós nos pertençamos, que dominemos essa agitação, que vivamos por fim a nossa vida de homens: *Entra no teu quarto e, fechada a porta, ora a teu Pai em segredo*. Para muitos de nós, uma casa demasiado pequena ou demasiado barulhenta nos priva do bem-estar do silêncio; é bem possível que só consigamos recolher-nos em alguma igreja, no caminho de ida ou de volta do trabalho. Seja como for, quando tivermos encontrado um lugar apropriado, é imprescindível que nos concedamos esses momentos de oração e os defendamos com tenacidade.

Não se trata, como é evidente, de «recitar» orações, coisa que se pode fazer em qualquer lugar e a qualquer hora. Particularmente a oração da noite em família está composta dessas veneráveis fórmulas, que são sempre novas e nutritivas, desde que as pronunciemos devagar e pensando no que dizemos. O que Jesus faz aqui é convidar-nos a uma prática pessoal e espontânea: *Entra no teu quarto e, fechada a porta, ora a teu Pai em segredo; e teu Pai, que vê o que se passa em segredo, te dará a recompensa*. Por estas palavras percebemos, antes de mais nada, que a oração não é um expediente para obtermos alguma coisa; é um encontro com uma Pessoa, com o nosso Pai, Aquele que nos é mais necessário do que todas as coisas, e que, dando-se a nós, dá-nos tudo. A oração põe o homem em contacto imediato com Deus.

Fechada a porta. Façamos silêncio dentro de nós. Estamos diante de Deus para adorar a sua grandeza e para agradecer-lhe. Esqueçamos tudo o que há de artificial e de convencional, aquilo que nos seduz durante o resto do dia; este é o meio de que dispomos para nos encontrarmos frente a frente com a verdade. O homem que sabe orar enxerga todas as coisas *tal como Deus as vê*, ou seja, tal como são na realidade. Ou então, enxerga-as *tal como Deus as quer*, isto é, tal como devem ser.

Na oração, o secundário deixa de ocupar o lugar do essencial, a dificuldade imediata insere-se no conjunto dos nossos dias e já não turva a nossa serenidade. Na oração, manifestamo-nos a nós mesmos *tal como Deus nos vê e tal como Ele nos quer*. Assim percebemos como são dignos de compaixão aqueles que pensam que o tempo dedicado à oração é tempo perdido; essas pessoas ignoram quanto tempo ganhamos ao orar, os erros que evitamos, o valor e o brio que tiramos da oração para conduzirmos as nossas obras a bom termo. É da oração que tiramos a fortaleza para sabermos esperar e para dissiparmos as nossas dúvidas e temores; e, se pecamos, é ela que nos devolve a esperança.

Fechada a porta: isto não significa que devamos pensar somente em nós mesmos, e esquecer os sofrimentos e pesares sofridos pelos outros. Muito pelo contrário, a oração despoja-nos pouco a pouco dessas preocupações egoístas que tendem a girar sempre em torno de nós mesmos, apaga os sentimentos pouco fraternos que abrigamos no coração, faz-nos participar dos sofrimentos alheios e move-nos a aliviá-los. Todos os grandes heróis da caridade foram homens de oração. Escreveu-se de São Vicente de Paulo que não foi a filantropia que o conduziu à santidade: «Não foram os pobres que o levaram a Deus, mas, pelo contrário, foi Deus quem o conduziu aos pobres»*.

Ora a teu Pai em segredo. Falemos-lhe com toda a simplicidade, com a nossa linguagem cotidiana. Aqueles que tiveram o privilégio de ver Jesus falavam-lhe com naturalidade: *Senhor, tem piedade de mim*; *Senhor, ajuda a minha incredulidade*; *Senhor, aquele a quem amas está doente*; *Senhor, lembra-te de mim quando estiveres no teu Reino*. E Cristo respondia a essas orações tão naturais e humanas curando os doentes, ressuscitando os mortos, abrindo as portas do céu.

Deus dá ouvidos, antes de mais nada, ao brado sincero que nos escapa do coração. Mas isto não quer dizer que devamos falar incessantemente, porque a oração é uma *conversa*, um diálogo entre Deus e nós. Muitos fiéis descuidam este «segundo movimento» da oração. Louvam o Senhor, manifestam as suas dores, expõem as suas petições, e depois... retiram-se; a sua oração terminou. Saíram cedo demais, antes de ouvirem a resposta do Pai; não concedem a si próprios o prazer de escutá-lo.

(*) A oração pessoal constitui uma verdadeira necessidade para quem deseja viver cristãmente a vida familiar. A proximidade das pessoas e dos acontecimentos costuma tirar-nos com facilidade a perspectiva e a equidade interiores com que é preciso encará-los. Neste sentido, se os pais dedicam alguns minutos a permanecer a sós com Deus, não estarão de forma alguma subtraindo esse tempo às necessidades familiares. Pelo contrário, é da oração que tirarão clareza para avaliar todas as situações por que passam à luz do querer de Deus; serenidade, para aceitar as responsabilidades e cargas que sobre eles pesam; decisão, para pôr em prática os meios oportunos, sem autoritarismos nem omissões; e consolo nas aflições e perplexidades. Mais uma vez, é o seu exemplo que será decisivo para incutir nos filhos mais velhos esse hábito, que os levará a crescer como bons filhos de Deus e, portanto, como bons filhos dos seus pais. (N. do T.)

A resposta, evidentemente, é silenciosa, tal como a nossa petição; traduz-se às vezes numa íntima certeza de que Deus está conosco, ou numa ideia que nos surge no espírito e que constitui a resposta sugerida pelo nosso divino interlocutor. Trataremos mais adiante desta resposta que Deus dá ao homem que lhe pede.

São Paulo escrevia aos cristãos de Roma: *Não sabemos o que havemos de pedir como convém, mas o mesmo Espírito ora em nós com gemidos inenarráveis* (Rom 8, 26). Sim, Deus não somente dá ouvidos às nossas orações, mas Ele mesmo as inspira. Disponhamo-nos, pois, a aprender a orar tal como Jesus o quer, com esse grito do coração que o nosso Pai ouve em segredo, e a esperar recolhidos e confiantes a sua resposta.

A criança que tem fome

> *Pedi e dar-se-vos-á; buscai e achareis; batei e abrir-se-vos-á. Porque quem pede, recebe; e quem busca, encontra; e a quem bate, abrir-se-lhe-á. Qual de vós dará uma pedra ao seu filho, se este lhe pedir pão? E se lhe pedir um peixe, dar-lhe-á uma serpente? Se vós, pois, sendo maus, sabeis dar coisas boas aos vossos filhos, quanto mais o vosso Pai celeste dará coisas boas aos que lhas pedirem!*
>
> (Mt 7, 7-11)

Já tentamos rogar a Deus como Jesus nos ensinou? Dizíamos acima que o objeto da oração é essencialmente encontrar a Deus. É natural que, depois de tê-lo adorado, lhe peçamos com filial confiança que se digne perdoar-nos e vir em nosso auxílio; mas insisto na necessidade de prolongarmos o nosso silêncio, a fim de ouvirmos a resposta do Senhor, que assim nos dá a conhecer os seus pensamentos e nos concede forças para cumprirmos a sua vontade.

A oração, assim compreendida, não cansa, e principalmente não decai nunca. Estamos certos, não de que *seremos*, mas de que *somos* ouvidos. O nosso Salvador, com efeito, assegurou-nos: *Em verdade, em verdade vos digo que, se pedirdes ao meu Pai alguma coisa em meu nome, Ele vo-la dará. Até agora não pedistes nada em meu nome; pedi e recebereis, para que o vosso gozo seja completo* (Jo 16, 23-24).

Há um aspecto que é preciso esclarecer neste ponto, pois às vezes encontramos erros de consequências dramáticas. «Para que rezar – há quem diga –, se Deus nunca me dá ouvidos?» Não consigo apagar da minha memória os gritos desesperados que ouvi de certa pessoa, cuja irmã acabava de falecer depois de cinco anos de uma penosa doença. Na sua dor exacerbada, dizia-me: «Rezei tanto, tanto!» E depois, batendo com o punho no caixão: «E aqui está a resposta que recebi!» Aos cristãos que se queixam de que Deus não dá ouvidos às suas orações, é preciso lembrar-lhes que não têm a menor razão para pensar que Deus deva ordenar todos os acontecimentos segundo os desejos deles.

Escutemos o que nos diz o Senhor a este respeito na parábola que mencionamos no começo deste capítulo: «Quando uma criança tem fome – dizia – e pede pão, por acaso algum pai dentre vós seria capaz de enganá-la, oferecendo-lhe uma pedra com a forma e cor de um pão?» Com efeito, podemos imaginar que um pai reduzido à indigência se veja obrigado a dizer ao filho: «Tenha paciência, meu filho, não lhe posso dar o pão agora, mas espero consegui-lo o mais depressa possível»; o que certamente não fará é considerar divertida a angústia do seu filho esfomeado. E Jesus continua: «Se o teu filho te pede um peixe, dar-lhe-ás uma serpente?» A brincadeira, neste caso, converte-se em algo sinistro: esse pai desnaturado já não oferece ao filho simplesmente uma pedra que a criança não poderá comer, mas um animal peçonhento. E o Mestre termina com estas palavras: «Se vós, pobres seres humanos, cuja bondade é imperfeita, sabeis dar coisas boas aos vossos filhos, com maior razão o vosso Pai celeste, cuja bondade é ilimitada, dará o que mais convém aos homens que lhe dirigirem as suas súplicas».

Não duvidemos de que Deus sempre nos dá *o que é bom* para nós. *O vosso Pai* – acrescentava Jesus – *sabe o que vos é necessário antes que vós lho peçais* (Mt 6, 8). Sempre tem presentes as nossas necessidades, tanto aquelas que constituem hoje o motivo das nossas orações, como aquelas que nos hão de convir no futuro e que ainda não conhecemos. Sabe melhor do que nós o que é bom para nós hoje e o que o será amanhã. Ele vê a nossa vida em conjunto, e assim conhece melhor do que nós o que contribuirá para o nosso verdadeiro bem.

Perguntemo-nos: se Deus – o que não é possível – realizasse cada um dos nossos desejos ao pé da letra, se tivéssemos a certeza de que Ele faria absolutamente tudo o que lhe pedíssemos, por acaso nos atreveríamos a dirigir-lhe as nossas súplicas sem nenhum tipo de reserva? Não acrescentaríamos antes: «Se isto que peço realmente me convém»? Quanto a mim, reconheço que, se o Senhor me tivesse concedido sempre tudo aquilo que eu lhe pedia, mais de uma vez me teria arrependido profundamente. Quando Deus se recusa a atender aos nossos desejos imoderados, o que faz é dar-nos mais uma prova do seu imenso amor.

Deus ama-nos melhor do que nós mesmos nos amamos. Não desconfiemos dEle. Pedimos-lhe o que achávamos conveniente: o bom resultado de algum projeto, a saúde, o fim de um sofrimento. E recebemos, pelo contrário, um fracasso, a doença, a continuação desse sofrimento. Por acaso isso que lhe pedíamos era o melhor para nós? Na nossa ignorância, estávamos na realidade a pedir uma pedra ou uma serpente. O Senhor não quis prestar ouvidos aos nossos desejos temerários e concedeu-nos o contrário: um pão e um peixe. Santa Teresa orava assim: «Senhor, não me castigueis dando-me tudo aquilo que Vos peço, se o vosso amor não o deseja».

Com efeito, há nas nossas orações dois elementos distintos: o primeiro consiste em expormos a *nossa necessidade*; e o segundo em sugerirmos o meio que imaginamos ser mais conveniente para remediá-la, isto é, os *nossos desejos*. Ora, querer que Deus realize pontualmente os nossos desejos não seria «pedir», mas «mandar». Manifestemos, portanto, os nossos desejos com toda a simplicidade, mas deixemos ao nosso Pai o cuidado de aliviar a nossa indigência da forma que lhe parecer mais conveniente, ainda que esta não corresponda necessariamente ao nosso desejo. Querer negar a Deus o direito de atender aos nossos pedidos como Ele achar melhor seria voltar o mundo às avessas.

Quando oramos num momento de provação, Deus sempre nos escuta, mas pode atender-nos de duas maneiras diferentes: pode *atuar sobre os acontecimentos*, pondo fim às nossas penas; ou pode *atuar no nosso íntimo*, apaziguando as nossas inquietações, infundindo-nos coragem para receber os sofrimentos, paciência e serenidade para enfrentá-los. A sua intervenção é tão certa num caso como no outro. Quando Deus muda as disposições interiores de uma pessoa, quando lhe ilumina o espírito, quando lhe fortalece a vontade, intervém na sua Criação de uma maneira tão real como no dia em que lhe apraz curar milagrosamente um paralítico.

Não pensemos que se trata de um mero jogo de palavras. Dois exemplos nos convencerão desta verdade.

São Paulo sofria de uma doença física que lhe dificultava muito o exercício do apostolado; e as dores que o afligiam eram tão agudas que lhe pareciam um *anjo de Satanás* a esbofeteá-lo, um *aguilhão na sua carne*. Fez então o que qualquer um de nós teria feito: na sua oração, expôs a Deus os seus sofrimentos e expressou os seus desejos. *Por esta razão* – escreve aos Coríntios –, *roguei ao Senhor três vezes que o afastasse de mim*. Notemos bem: *três vezes!* Paulo não desanimou com a primeira resposta negativa; insistiu no seu pedido. No entanto, estava enganado, e Jesus corrigiu-lhe o erro dizendo-lhe: *Basta-te a minha graça, pois é na fraqueza que o meu poder se manifesta por completo* (2 Cor 12, 7-9).

O Apóstolo não obteve o que pedia, mas *a sua oração foi atendida*. Noutra Epístola, com efeito, aludindo a essa doença, que tinha levado muita gente a desprezar a sua pessoa e a sua pregação, afirma que, pelo contrário, ela contribuiu muito para o bom êxito do seu ministério: *E sabeis que da primeira vez vos preguei o Evan-*

gelho na aflição da carne. *Mas o que na minha carne era uma prova para vós, não o desprezastes nem o rejeitastes, antes me recebestes como um anjo de Deus, como Cristo Jesus* (Gál 4, 13-14).

Contemplemos outro modelo, ainda mais santo. No horto das Oliveiras, Jesus está prostrado no chão: o imenso fardo dos pecados de todo o mundo, que pesa sobre Ele, suscita no seu ânimo uma imensa aversão; o seu corpo treme diante da ideia do suplício que o espera. Também Ele pede três vezes ao Pai, a quem tudo é possível, que afaste dos seus lábios esse cálice de dor. *Não se faça, contudo, a minha vontade, mas a tua* (Lc 22, 42). Pois bem, Jesus teve de sofrer todas as atrocidades da crucifixão. Diremos nós que a sua oração não foi atendida, e que o Pai permaneceu surdo às súplicas do seu Filho amado? Seria uma blasfêmia. Mas vejamos o que aconteceu: *Então apareceu-lhe um anjo do céu, que o confortava.* O Pai respondeu ao Filho dando-lhe as forças humanas que lhe faltavam. E então Jesus levantou-se, pronto para morrer pela salvação de todos os homens.

Oxalá a nossa oração se pareça com a de Jesus Cristo. Rezemos com uma fé suficientemente audaz para pedir um milagre, e suficientemente forte para renunciar a ele, se Deus assim o quiser. Rezemos com uma fé suficientemente simples para aceitar que a vontade divina supere a nossa, e suficientemente amorosa para dizer: «Pai, Tu tens razão. Faça-se a tua vontade». Então nos será dada, não somente a capacidade de cumpri-la, mas de achar nela, como Jesus prometeu, uma felicidade maior do que todas as felicidades que tenhamos tido que sacrificar.

À escuta de Cristo

Aconteceu que, indo de viagem, entrou em certa aldeia. Uma mulher, chamada Marta, recebeu-o em sua casa. Esta tinha uma irmã chamada Maria, a qual, sentada aos pés do Senhor, ouvia a sua palavra. Marta, porém, afadigava-se muito na contínua lida da casa; e apresentou-se, dizendo: Senhor, não te importa que a minha irmã me tenha deixado só com o serviço da casa? Dize-lhe, pois, que me ajude. O Senhor, respondendo, disse-lhe: Marta, Marta, afadigas-te e andas inquieta com muitas coisas. Entretanto, uma só coisa é necessária. Maria escolheu a melhor parte, que não lhe será tirada.

(Lc 10, 38-42)

Por ocasião de uma viagem a Jerusalém, o Senhor, acompanhado dos seus discípulos, hospedou-se na casa dos seus amigos de Betânia, nas proximidades da Cidade Santa. Improvisar uma refeição para tantos visitantes não era pouco trabalho, e as duas irmãs de Lázaro entregaram-se a ele por completo, sem vacilar, ajudadas pelas criadas da casa ou por algumas dessas mulheres da Galileia que seguiam Jesus nas suas viagens apostólicas.

Os recém-chegados sentaram-se na sala grande; é provável que o Mestre continuasse a desenvolver-lhes o ensinamento que dera a um Doutor da Lei durante o caminho, contando-lhe a parábola do bom samaritano. A doutrina contida nessa parábola – a de que o amor fraterno é parte integrante do culto a Deus – era inteiramente nova para os ouvintes, e arrebatava-os. Tanto assim que a mais nova das irmãs, Maria – que não deve ser confundida com Maria Madalena –, cativada pelas palavras do Senhor, abandonou os trabalhos da casa para sentar-se com os outros discípulos aos pés de Jesus.

Entretanto, Marta, a mais velha, ia de um lado para outro, atarefada e preocupada com os preparativos, enquanto procurava escutar uns poucos fragmentos da conversa. De repente parou e, dirigindo-se com a maior naturalidade a Jesus, disse-lhe: *Senhor, não te importas que a minha irmã me tenha deixado só com o serviço da casa? Dize-lhe, pois, que me ajude.* Evidentemente, teria sido rude se se tivesse dirigido diretamente à irmã, privando-a de escutar o Senhor; pensou que seria melhor fazer com que Jesus interviesse, mas não podia imaginar a resposta que iria escutar.

Se se tratasse de uma tarefa importante, o Mestre certamente não teria esperado a intervenção da mais velha para convidar Maria a ajudá-la. Mas Jesus pensa que Marta se meteu em demasiados trabalhos para acolhê-lo a Ele e aos que o acompanham. «*Marta, Marta, afadigas-te e andas inquieta com muitas coisas.* Para que preparar trinta e seis pratos? Basta um só: precisamos de muito poucas coisas. A tua irmã Maria tem toda a razão em não se afligir como tu. Ela escolheu a melhor parte: não serei Eu quem a tire dela».

Este episódio, que nos permite observar um detalhe da vida privada do Salvador, seria insignificante demais por si só para ser incluído pelos evangelistas nos seus relatos, se não contivesse uma aplicação espiritual que os Apóstolos procuraram recordar mais tarde, ao ensinarem o cristianismo aos fiéis. Na verdade, esta cena sempre foi uma das mais comentadas ao longo de todos os séculos cristãos, pelo sem-número de lições que encerra. Uma delas é a que meditaremos hoje.

É muito natural que, ao pensarmos em renovar a nossa vida cristã, busquemos primeiro entre as coisas que *fazemos* aquilo que importa melhorar ou reformar, e os meios para consegui-lo. Que não estaríamos nós dispostos a fazer para honrar Jesus Cristo? Assim pensava também a irmã mais velha de Lázaro, por causa da alegria que experimentava pela presença do Salvador. Nada lhe parecia suficientemente bom para comemorar aquela ocasião; nada lhe parecia demasiado para aquela refeição com o Senhor. Ela queria dar o melhor a Cristo, e continuar a dar, desde que assim agradasse ao seu Hóspede.

Mas Jesus mostra-lhe com toda a suavidade o erro em que incorrem com frequência justamente os corações mais generosos. Pensamos agradar aos nossos amigos cumulando-os daquilo que nos agrada, quando na verdade deveríamos fazer o contrário: interessar-nos pelas suas preferências e oferecer-lhes aquilo que mais *lhes* agrada. Ora bem, o que mais agradava a Cristo não era precisamente aquilo que a boa Marta procurava oferecer-lhe. «Se queres agradar-me – diz-lhe –, imita a tua irmã mais nova, que se preocupa menos de *dar-me alguma coisa* que de *receber aquilo que Eu desejo dar-vos*».

Todos precisamos ter em conta esta recomendação, pois com facilidade nos esquecemos de que o nosso papel na vida cristã consiste muito mais em *receber* do que em *dar*, de que a nossa santificação é, antes de mais nada, obra de Deus, e de que devemos sempre, como Maria de Betânia, sentar-nos aos pés de Jesus para escutá-lo.

Nas outras religiões, é o homem quem busca a Deus, sem saber que sacrifícios inventar para obter o favor da divindade. O cristianismo, pelo contrário, é a religião da Encarnação de Deus, e tem a Deus por autor: não somos nós que temos de buscar a Deus, é Ele quem nos eleva até junto de Si, é Ele que vem até nós para nos perdoar e regenerar. *Se conhecesses o dom de Deus...*, diz Jesus à samaritana (Jo 4, 10). Deus perdoa, Deus dá, Deus se nos dá. O seu Filho encarnou-se para nos fazer filhos de Deus. E em que condições? Novamente é São João quem nos responde: *Mas a todos os que o receberam, deu-lhes o poder de se tornarem filhos de Deus, aos que creem no seu nome* (Jo 1, 12).

Reflitamos um pouco sobre esta afirmação. Que poderíamos nós fazer para nos tornarmos filhos de Deus? Só podemos receber, crer e agradecer. Devemos deixar-nos levar, instruir, conduzir e transformar. Tudo o que há de bom em nós, foi Deus quem o realizou; nós somos obra da sua misericórdia. Os nossos defeitos diminuem e as nossas virtudes se desenvolvem na medida em que Jesus se vai tornando mais e mais o dono do nosso coração.

Evidentemente, a nossa cooperação é necessária. Jesus não chegará a ser o dono dos nossos corações se não o amarmos efetivamente, e só o amaremos se conformarmos a nossa vontade com a sua, com todos os seus desejos. Mas esta tarefa indispensável – não há mal nenhum em reconhecer que, às vezes, não é uma tarefa fácil para a nossa pobre natureza – reduz-se, no fundo, a não dificultar a ação de Deus em nós, a suprimir os obstáculos criados pelo nosso egoísmo, a mortificar as nossas resistências à graça. Temos de esforçar-nos por receber Cristo e escutá-lo, para que nos transforme nEle.

O que nos cabe, portanto, é colocar-nos como Maria de Betânia *à escuta* de Jesus Cristo. Dediquemos alguns minutos de cada dia à leitura dos Santos Evangelhos, esses pequenos resumos da vida e ensinamentos do Senhor, por um lado tão concisos que a sua brevidade quase nos aflige, por outro tão ricos que não conseguimos imaginar nada que lhes pudesse ser acrescentado a fim de proporcionar-nos um retrato mais vivo do nosso Mestre. São uns pequenos livros divinos que nós não cansamos de ler e reler: pensamos às vezes já conhecê-los por completo, mas a cada leitura descobrimos um sentido novo que até então nos tinha passado despercebido.

A seguir, as Epístolas dos Apóstolos permitir-nos-ão descobrir em que íntima união esses primeiros discípulos do Senhor continuaram a conviver com Ele depois de ter ressuscitado dentre os mortos. E até no Antigo Testamento poderemos descobrir a figura de Jesus, pelo anúncio que nos faz daquilo que viria a cumprir-se.

Por menos assíduos que sejamos na leitura dos livros santos, não demoraremos a comprovar que contêm o eterno diálogo entre Deus e os homens, que não só relatam uma história passada, mas a história atual de cada um de nós. É a esta escuta direta e pessoal de Jesus Cristo que devemos estar particularmente atentos. O Evangelho dá-nos a conhecer o que Jesus é para nós, e até onde deseja conduzir-nos. Se soubermos *escutá-lo*, isto é, prestar-lhe ouvidos por um lado, mas também obedecer-lhe para chegarmos a ser um só com Ele, será Ele quem, depois de nos ter perdoado, nos levantará, converterá e transformará.

O Papa Pio XII, de santa memória, manifestava o desejo de que, «nas famílias cristãs, se leia todos os dias a Sagrada Escritura, particularmente os Evangelhos». Por que não haveremos de pôr em prática o conselho do Soberano Pontífice? Experimentemos também nós escutar em família e pessoalmente o que Jesus nos diz, compreender a sua palavra, receber e saborear as suas inspirações, e assim poderemos reconhecer que também nós escolhemos *a melhor parte, que não nos será tirada*.

A mulher que varre a casa

> *Qual é a mulher que, tendo dez dracmas, e perdendo uma, não acende a lâmpada, varre a casa e a procura diligentemente até encontrá-la? E depois de achá-la, convoca as amigas e vizinhas, dizendo: Congratulai-vos comigo, porque encontrei a dracma que tinha perdido? Assim vos digo que haverá júbilo entre os anjos de Deus por um só pecador que faça penitência.*
>
> (Lc 15, 8-10)

Deus busca incessantemente o modo de perdoar-nos a cada um de nós: esta é uma verdade que nenhum cristão poderá jamais pôr em dúvida. O Senhor no-lo confirma repetidas vezes, particularmente nas três parábolas que constituem o capítulo quinze do Evangelho de São Lucas. Todos nos lembramos da segunda, a história da mulher que, ao guardar as suas dez moedas, deixou cair uma, que foi rolando pelo chão até desaparecer. Outras mulheres, no lugar dela, teriam pensado: «Mais tarde a encontrarei, quando fizer a limpeza»; mas aquela de quem Jesus nos fala deixa todos os seus afazeres de lado, acende imediatamente a lâmpada para iluminar a sala desprovida de janelas, muda de um lado para outro os móveis e demais apetrechos, passa a vassoura por todos os cantos da sala até encontrar por fim a moeda que lhe faltava. E quando a tem por fim entre os dedos, mostra-a com orgulho às vizinhas, como se tivesse acabado de encontrar um tesouro.

«Vede nesta mulher – vem a dizer-nos o nosso Salvador – a imagem da misericórdia de Deus, que não descansa enquanto houver um só pecador que ainda permaneça afastado dEle, e que multiplica as suas graças até ter inspirado ao culpado o arrependimento, esse arrependimento que permitirá ao seu Amor experimentar a felicidade de perdoá-lo».

Se formos sensíveis à inesgotável bondade do Senhor, essa mesma bondade há de mostrar-nos que temos obrigação de corresponder-lhe, de descobrir em nós a malícia do pecado, de não tolerar que este se esconda em algum canto escuro da nossa consciência, de varrer todos os pretextos sob os quais poderíamos imprudentemente encobri-lo. Temos, pois, de buscar ativamente a purificação, e para isso devemos lançar mão de outro dos exercícios diários da vida cristã, que é a prática do exame de consciência.

Todos os moralistas, quer leigos, quer religiosos, recomendam porfiadamente o exame de consciência. Já Pitágoras obrigava os seus discípulos a defrontar-se todos os dias com estas três perguntas: «O que fiz? Como o fiz? O que deixei de fazer?» Sêneca aconselhava outras três perguntas para cada noite: «No dia de hoje, qual o defeito que corrigi em mim? Qual o vício que combati? Qual o progresso que alcancei?» O exame de consciência aparece-nos assim como um ato de disciplina moral que põe em ação tanto a reflexão como a vontade. Em teoria, pelo menos, qualquer pessoa que se proponha, sob determinado ponto de vista, ser melhor no dia de amanhã do que o foi na véspera, não demorará a sair da mediocridade.

Por que será, contudo, que são tão poucos os que se submetem a este pequeno interrogatório cotidiano? Uns alegam o cansaço causado por um esforço que deve ser contínuo, outros a monotonia produzida pela repetição de um mesmo tema.

São, sem dúvida, explicações plausíveis, mas só em parte, e tenho para mim que a maioria dos que renunciam ao exame de consciência, fazem-no porque obtêm resultados muito pouco satisfatórios. Falemos com franqueza: durante a nossa vida, tropeçamos sempre com os mesmos defeitos, que com maior ou menor regularidade nos levam a cair nas mesmas faltas. Este inventário cotidiano das mesmas imperfeições e das mesmas fraquezas ajudar-nos-á, sem sombra de dúvida, a ser humildes, e mover-nos-á ao arrependimento, mas é difícil considerá-lo um instrumento eficaz para corrigirmos as nossas faltas ou para facilitarmos o nosso progresso.

Gostaria de precisar que esses preconceitos, baseados numa experiência inegável, condenam somente o exame de consciência tal como o descrevi até agora, isto é, como uma espécie de «técnica» de formação moral, desvinculada de qualquer consideração religiosa. Não é nada de estranhar que cheguemos rapidamente ao desânimo se fizermos a cada noite um balanço quase idêntico ao da véspera, que se limite mais ou menos a ir somando as nossas faltas; o contrário é que seria surpreendente.

Mas o erro está em fazermos o exame de consciência voltados para nós mesmos. Que esperamos descobrir nessa triste solidão, a não ser a nossa eterna miséria e a nossa radical insuficiência? Além disso, nada poderia ser mais grave do que cedermos ao desânimo quando não fizemos o bem que nos tínhamos proposto; seria tão tolo como declararmo-nos satisfeitos quando conseguimos pô-lo em prática. A preocupação pelo nosso progresso espiritual, o orgulho pelos nossos bons resultados ou o despeito perante os nossos fracassos, tudo isso não passa de disposições ou, mais categoricamente, de opiniões de moralistas, completamente distintas da obra da nossa santificação; e essa obra, como já vimos, não é tanto obra nossa, como obra de Cristo em nós.

Quando um cristão entra dentro de si mesmo, procura encontrar-se a sós com Deus e olhar para Ele antes de olhar para si mesmo. Se não nos afastarmos desta regra, compreenderemos o interesse e a eficácia deste encontro noturno com o Senhor no íntimo da nossa consciência.

Começaremos por agradecer a Deus tudo o que recebemos da sua bondade no dia que chega ao fim, quer diretamente, quer – o que acontece com mais frequência – por intermédio do nosso próximo. Vale a pena detalharmos os dons que nos foram concedidos: não poderíamos dizer que Deus, a nossa família e os nossos irmãos os homens estiveram continuamente ao nosso serviço? Mesmo que tenhamos de lamentar alguma atitude alheia inamistosa ou prejudicial, essa pequena provação não nos terá sido de proveito? Portanto, é impossível que tudo aquilo que aprendemos, sentimos ou adquirimos ao longo de um dia não nos tenha aproveitado e, de certo modo, transformado. Durante todo esse dia, Deus ocupou-se de nós; não deixemos de agradecer-lhe. Um exame de consciência realmente útil deve, pois, começar com alegria e agradecimento por tudo aquilo que recebemos.

A seguir, busquemos na memória algumas circunstâncias em que, a todas as luzes, agimos sob a inspiração de Jesus Cristo: essa tentação que repelimos prontamente, o movimento de impaciência que conseguimos transformar num sorriso, o pequeno serviço desinteressado que prestamos de bom grado. O Senhor deseja que sirvamos os nossos semelhantes – a começar pelos nossos familiares – e, em mais de uma ocasião, soubemos compreender que no-lo pedia. E assim verificaremos que, longe de termos malbaratado inutilmente o nosso dia, procuramos ser úteis e tivemos ocasião de ser bons. Não tenhamos o escrúpulo pessimista de lançar um véu sobre as horas luminosas do nosso dia.

Um pensador cristão do século passado escrevia que «a imensa massa humana, encontrando-se imersa no trabalho, está onde Deus a colocou e cumpre a sua vontade; assim, a maior parte das horas dos homens emprega-se em atos bons. Servimos a Deus em quase todos os momentos da nossa vida, e só deixamos de honrá-lo ou o ofendemos durante uns poucos momentos»*. Para nós, cristãos, que o sabemos, como nos deveria dar felicidade pensar que – pela perfeição buscada no exercício da nossa profissão, pela nossa dedicação incansável à família – estamos trabalhando na obra de Deus, contribuindo para embelezar a sua Criação e dar cumprimento aos seus planos! E como não havemos de agradecer-lhe também por ter-nos conferido tão grande honra?

E então, uma vez estabelecido este ambiente de gratidão e de alegria, sem necessidade de nos entregarmos a uma indagação minuciosa, a lembrança da nossa negligência em corresponder às graças que Deus nos deu, a nossa resposta egoísta diante da benevolência de que fomos objeto, e as negações mais ou menos graves que opusemos a Deus e aos nossos irmãos, comparecerão por si mesmas à nossa memória. As nossas faltas surgirão à sua verdadeira luz, como negações de amor, e extrairemos delas, em consequência, um amargo e doloroso arrependimento.

Nesta perspectiva, já não nos importa nem muito nem pouco se as nossas virtudes ou os nossos progressos se viram comprometidos pelas nossas faltas. Não pomos os olhos em nós mesmos, mas em Deus, cujo amor frustramos. Por isso, diremos com o autor da *Imitação*: «Se-

---

(*) A. Cochin, *Les espérances chrétiennes*, pág. 316.

nhor, ofereço-Vos todos os meus pecados e todas as minhas fraquezas. Consumi-as no fogo do vosso amor e apagai todas as manchas que turvaram a minha consciência» (4, 9).

Mais uma vez humilhados diante da misericórdia divina, que nos concede o seu perdão, sentimos também a obrigação de testemunhar-lhe o nosso amor. E expressamo-lo melhor com um pedido do que com uma promessa: «Senhor, concedei-me a graça de não recusar o que amanhã me pedireis». Peçamos com palavras de São Filipe Neri: «Meu Jesus, nunca serei capaz de Vos amar se não me ajudardes. Mas, uma vez que Vós me quereis, derrubai todos os obstáculos. Eu desconfio de mim, mas tenho toda a confiança em Vós, meu Jesus».

Adotemos este método, que converte o exame de consciência, não num questionário moral com respostas conhecidas de antemão, mas numa oração atual, numa verdadeira oração*. Ao invés de remexermos inutilmente na mesma poeira de cada vez que examinemos a nossa consciência, encontraremos no amor de Deus muito mais do que perdemos.

(*) O costume do exame de consciência pode muito bem ser vivido juntamente com as orações da noite que se fazem pessoalmente antes de deitar-se. Há muitos e bons roteiros para a prática desta norma, mesmo para os filhos mais pequenos (N. do T.).

A mulher que faz o pão em casa

A que direi que é semelhante o reino de Deus? É semelhante ao fermento que uma mulher toma e esconde em três medidas de farinha, até que toda a massa esteja fermentada.

(Lc 13, 20-21)

A divisão do trabalho, consequência do desenvolvimento das sociedades modernas, permite-nos comprar todos os dias o nosso pão na padaria. Mas nem sempre foi assim. Ainda hoje, nos vilarejos isolados, principalmente em regiões de montanha, é a dona de casa quem faz o pão que a família há de consumir durante toda a semana. Esse costume era normal no tempo de Jesus. A mulher utilizava uma pequena mó para moer a farinha, amassando-a depois com as mãos. Durante a noite, a massa fermentava e, nas primeiras horas da manhã, era levada ao forno público.

O Senhor alude numa parábola ao momento em que a mãe de família, tendo acrescentado água e sal a uma boa quantidade de farinha, toma um pouco de fermento e o mistura com a massa, amassando-a sem parar até que a acidez do fermento comece a fazê-la inchar. A intenção da parábola é frisar o contraste entre a *grande massa* de farinha que a mulher colocou na amassadeira e a *pequena quantidade* de fermento que, se tiver sido bem misturada, transformará a pasta insossa num alimento agradável e nutritivo.

O Mestre compara a eficácia do fermento à ação do Evangelho na humanidade, à ação da Igreja no mundo e, mais precisamente, à ação que os cristãos hão de exercer sobre as outras pessoas, até embeberem com o espírito de Cristo a sociedade da qual fazem parte. A sua influência terá valor unicamente por serem cristãos, não só de nome, mas de verdade, e na medida em que viverem fielmente os ditames do Evangelho.

O seu apostolado será um contágio: o seu contacto com os outros, o seu relacionamento diário irá transformando pouco a pouco o espírito e os costumes dos que os rodeiam. Mas, para obter este resultado, é essencial que se misturem constantemente com os outros homens, ao invés de formarem um grupo isolado ou de se encerrarem em pequenos círculos. Afinal de contas, não se pode esperar uma mudança repentina. A conversão do mundo ao Evangelho é, como toda a fermentação, uma tarefa *lenta e contínua*.

Pode-se dizer que essa tarefa nunca terminará? *Até que toda a massa esteja fermentada*, diz Jesus. Quantos séculos serão necessários para consegui-lo? E, mesmo supondo que chegue uma época da História em que o cristianismo cubra inteiramente a face do globo, essa obra, concluída quanto ao espaço geográfico, por acaso durará para sempre? Poderá causar-nos estranheza ver uma nova geração reagir contra as ideias da anterior? Não precisamos ir muito longe para encontrar exemplos de países que haviam sido cristianizados, pelo menos de nome, e onde a maioria dos habitantes rejeitou mais tarde a fé dos seus antepassados. A ação do Evangelho sobre os homens tem de ser levada avante sem interrupções; na verdade, tem de ser retomada em cada homem em particular. A mulher da parábola, a Igreja, não deixará de amassar a massa até o fim do mundo.

Como toda a fermentação, a evangelização das sociedades é uma tarefa lenta e oculta, ou melhor, *secreta*. Jesus acentua esta última característica: ao falar do fermento que a mulher põe na massa, diz que o *esconde* nas três medidas de farinha. O fermento só produzirá o seu efeito quando estiver inteiramente perdido na massa, tão perfeitamente misturado com a farinha que não se distinga dela. Noutro momento, o Senhor declara que a cristianização do mundo não se produzirá de forma visível: o Reino de Deus *não virá com aparato* (Lc 17, 20).

Sem dúvida, os progressos do Evangelho não podem passar despercebidos, já que todos experimentam os seus frutos; no entanto, não se pode ver como se cumprem, pois realizam-se dentro de cada um de nós, no domínio oculto das consciências e dos corações.

Em resumo, devemos reter esta ideia clara: essa minoria que os cristãos formam no mundo pode e deve influir na opinião pública. Esse punhado de gente que são os cristãos pode e deve reerguer e renovar o mundo; as garantias que Cristo nos ofereceu não deixaram de ser verdadeiras. No entanto, a condição que mencionou para a sua realização permanece rigorosamente necessária, a saber, a ação discreta, mas profunda e ininterrupta, de cada cristão dentro da esfera que lhe foi assinalada pela Providência.

É aqui que reside a importância de um lar cristão. Como cristianizar ou recristianizar uma cidade, um povo, um país? A esta pergunta responde-se geralmente: «São necessários sacerdotes, escolas, obras próprias para a juventude», e a seguir acrescenta-se: «É preciso ter uma boa imprensa, boas eleições, boas leis». Não podemos determinar aqui com precisão o que significa o adjetivo «bom» aplicado à imprensa, à política ou à legislação, nem examinar se este adjetivo é estritamente sinónimo de «cristão». Em todo o caso, tudo isso será de eficácia duvidosa se não houver nesse país, nesse povo, nessa cidade, essa célula-mãe, a célula vivificadora de toda a sociedade, que é a família cristã.

O cristianismo aprende-se no lar. Sim, no lar, muito mais do que na igreja ou na escola. Qualquer pároco zeloso sabe muito bem disso. Não ignora que, por mais que se esforce pessoalmente, as crianças a quem ensina o catecismo não o compreenderão, não o assimilarão, não o viverão na prática, se não tiverem uma mãe cristã. Patronatos, associações de educação física, círculos de estudos e tantas outras obras que dão testemunho do zelo e da diligência do clero, raramente conseguirão que o adolescente passe de um meio não-religioso para a vida cristã. Salvo honrosas exceções, o que mais influi no adolescente é o ambiente, e em primeiro lugar o ambiente da sua própria família. Quais são, nos movimentos de juventude, os melhores auxiliares do sacerdote, senão os jovens cujos pais são cristãos? Muitos sacerdotes chegam, pois, a esta conclusão: nas regiões não-cristãs, de pouco adianta dar formação religiosa às crianças se, paralela e simultaneamente, não se faz um esforço proporcional por cristianizar os pais.

Que há num lar cristão que não possamos encontrar fora dele? Será o crucifixo na parede do quarto do casal, serão os Santos Evangelhos colocados em lugar de honra, sobre a mesinha da sala de estar, será o costume tão louvável da oração em comum, ou a recordação frequente dos princípios e dos deveres religiosos? Tudo isto é necessário, sem dúvida, mas constitui apenas uma pequena parcela. A influência do lar cristão reside sobretudo nessa ação *oculta, silenciosa e profunda* que o fermento exerce sobre a massa. Reina então nesse lar uma atmosfera especial, que não se distingue por nada de extraordinário, mas que se manifesta em todas as coisas e que qualquer visita é capaz de perceber imediatamente.

Essa atmosfera cristã está presente num lar quando ali residem cristãos autênticos, que vivem de maneira simples, mas integralmente cristã. Cada um se apoia nos outros, e ao mesmo tempo os apoia, sem qualquer premeditação, sem artificialismos, unicamente porque todos vivem como cristãos. Não há altercações, nem palavras amargas, nem gritos inúteis; o que há, pelo contrário, é uma preocupação geral de se ajudarem uns aos outros, é um clima de bom humor, são as brincadeiras amáveis, e tudo isso sem esforço aparente, sem cálculos, porque todos vivem da caridade de Cristo.

Não surgirão, vez por outra, algumas sombras nesse quadro idílico... ou utópico? É evidente que sim, pois o lar mais feliz precisa dessas horas cinzentas para que os seus membros aprendam a praticar a paciência e o perdão, a compartilhar as dores e as alegrias com a mesma fidelidade inabalável que dedicam ao seu Pai celestial, Pai no sentido mais próprio da palavra.

Quantos cristãos, ao chegarem à idade em que se volta o olhar para os anos já distantes do passado, não comprovam que as suas mais belas convicções religiosas se formaram graças às lembranças, às tradições e aos hábitos que adquiriram no lar de seus pais? Sem querer desmerecer dos pregadores – afinal de contas, sou um deles –, foi no lar dos seus pais que esses cristãos assimilaram a religião, aprendendo-a naturalmente, como se aprende a língua materna de tanto ouvi-la. Ouviram o que se dizia em casa e imitaram o que ali se fazia. Aprenderam a amar a Jesus Cristo porque amavam aqueles que lhes ensinaram a amá-lo. Chegaram a ser cristãos sob a ação invisível do fermento escondido que lhes levedava a alma.

Mas a virtude do fermento cristão nunca se esgota; pelo contrário, tende a estender-se mais e mais por contágio. Se uma família cristã trancasse portas e janelas para pôr todos os seus a salvo dos miasmas vindos de fora, em pouco tempo deixaria de ser um lar cristão. Alguns morreriam de asfixia; outros, para não morrerem sufocados, fugiriam para nunca mais retornar.

Para cristianizar o mundo, o cristão tem de misturar-se com os outros homens, viver a sua fé diante de todas as pessoas que Deus coloca ao seu lado. Se puder refazer diariamente as suas forças na atmosfera do seu lar, será capaz também de abrir a sua porta a todos e de acolher os que dele têm necessidade. Outras famílias frequentarão a sua casa, primeiro por simpatia, depois por uma leal amizade recíproca, sem serem assediadas pelo menor assomo de um proselitismo forçado; e, na medida em que as pessoas que abrem a sua casa forem verdadeiramente cristãs, também os outros chegarão pouco a pouco a sê-lo.

No entanto, ninguém deve envaidecer-se ao ver que a sua vida atrai os outros. Não é a dona de casa quem faz levedar a massa; é o fermento. Ela limita-se apenas a misturá-lo e a amassá-lo. Da mesma forma, o cristão não faz milagres; contenta-se com ser cristão, e deixa que seja Cristo quem atraia os homens para Deus.

A lâmpada no candelabro

> *Porventura acende-se uma lâmpada para pô-la debaixo do alqueire ou debaixo do leito? Não é para ser posta sobre o candelabro?*
>
> (Mc 4, 21; cf. Mt 5, 15)

No poema que a Sagrada Escritura dedica ao elogio da mulher laboriosa, lê-se que *a sua lâmpada não se apaga durante a noite* (Prov 31, 18). Não pensemos com isto que ela permanecia de pé ou trabalhando durante a noite inteira, mas apenas que, antes de se deitar, cuidava de que a lâmpada tivesse azeite suficiente para continuar acesa até o raiar do dia. Com efeito, nos países orientais, era costume deixar a luz acesa toda a noite, provavelmente para precaver-se contra qualquer acontecimento inesperado. Por isso, quando se queria indicar que alguém estava na mais absoluta miséria, dizia-se: «Dorme sem luz».

A lâmpada era, pois, um objeto de primeira necessidade em todas as casas, e assim se compreende que o Senhor lançasse mão dessa imagem em várias das suas parábolas. Usou-a, particularmente, para fazer ver aos seus discípulos qual a influência que esperava deles: *Vós sois* – dizia-lhes – *a luz do mundo* (Mt 5, 14).

Situemo-nos numa casinha da Galileia, à hora do pôr do sol. A dona da casa, que durante o dia tinha guardado a lâmpada debaixo da cama, tira-a de lá para colocá-la no seu lugar, sobre um alto candeeiro de madeira, de onde poderá iluminar todo o aposento. Esta é, segundo o pensamento do Mestre, a missão do cristão: deve ser, no meio dos homens, a luz que dissipa as trevas.

Mas a que tipo de trevas se refere? Como é óbvio, Jesus não exige que todos os cristãos sejam verdadeiras «fontes de sabedoria», que conheçam todas as coisas e sejam capazes de explicá-las devidamente. Para sermos cristãos ativos, não é indispensável que sejamos sábios, embora não devamos também ser uns rematados ignorantes. Na Sagrada Escritura, a palavra «trevas» tem um sentido preciso: é a imagem da escuridão moral, que impede os homens de verem a Deus e, ao mesmo tempo, de se conhecerem a si mesmos. Não sabem orientar a sua vida, só avançam às apalpadelas e, nessa escuridão produzida pelo pecado, chocam-se continuamente uns com os outros.

O *pecado!* Eis uma palavra que soa mal nos ouvidos de muitos dos nossos contemporâneos. «O pecado!» – exclamam –, «os pregadores só sabem falar de pecado!» Poderíamos responder a essas pessoas que, se quisessem escutar-nos um pouco mais assiduamente, logo perceberiam que somos portadores de uma mensagem de verdade, de beleza, de nobreza e de amor – a tal ponto que eles mesmos por vezes a consideram irrealizável... Pois bem, por que esta mensagem, capaz de assegurar a felicidade dos homens, só raramente encontra ouvidos e, mais raramente ainda, quem a ponha em prática?

Justamente por causa do pecado. É evidente que esta palavra nos desagrada a todos nós; mas se a simples menção dela nos causa repulsa, quanto mais não deveria causá-la a realidade que traduz! Ninguém poderá negar – pelo menos assim me parece – que a humanidade, no momento atual, se encontra imersa num pesadelo. Aqui são guerras, ali ameaças, temores e preparativos para a guerra; no plano social, sucedem-se sem interrupção os conflitos: mal se soluciona um, aparece outro. «Será que já não há consciência?», exclamamos, quando o jornal diário nos submerge em notícias de roubos, furtos, fraudes e falências, assassinatos, crianças martirizadas, mulheres abandonadas que se vingam tragicamente, anciãos sem recursos que se suicidam. Este é o cardápio que nos servem todas as manhãs: triste preparação para o dia, não é verdade?

No entanto, todos esses males, todas essas desgraças têm uma mesma causa: o pecado. O pecado cometido por determinadas pessoas, ou o pecado cujas consequências atingem seres inocentes, mas sempre o pecado. É dessas trevas do pecado que Cristo veio arrancar os homens; e o Evangelho é capaz de libertar a humanidade de todos esses estragos. Por isso é que Cristo recomenda aos seus discípulos que sejam, no meio de tantas trevas, a *luz* que ilumine os homens, que lhes revele o seu destino e os seus deveres, trazendo-lhes assim a felicidade a que certamente têm direito, mas que nunca encontrarão fora da ordem estabelecida por Deus.

Por acaso poder-se-ão obter esses resultados por meio de doutas conferências e de hábeis discussões sobre a doutrina cristã? Essa forma de pregar o Evangelho – que obviamente não é inútil – não é acessível a todos, e por isso sempre terá de ser ocasional; o mandamento do Salvador, porém, aplica-se a todos os cristãos de todos os tempos e de toda a parte: *Vós sois a luz do mundo. [...] Não se acende uma lâmpada e se põe debaixo do alqueire, mas sobre o candeeiro, a fim de que dê luz a todos os que estão na casa* (Mt 5, 14-15).

Essa lâmpada não incomoda a vista; a sua luz é discreta e o seu calor suave. «É assim» – diz Jesus a todos os que creem nEle – «que a vossa luz brilhará diante de todos os homens: ao verem como viveis, os outros aprenderão em que devem acreditar e o que devem fazer. Sereis observados, e os vossos atos bons serão o exemplo que, mais cedo ou mais tarde, virá a ser imitado por todos; desta forma, ao invés de ofenderem a Deus pelos seus pecados, acabarão por dar-lhe glória mediante uma conduta digna».

O Evangelho de São Lucas refere-se à mesma parábola com uma ligeira variante que vale a pena examinar: *Ninguém que acenda uma lâmpada a cobre com um vaso ou a põe debaixo da cama, mas põe-na sobre um candeeiro, para que vejam a luz os que entram* (Lc 8, 16). Aqui, não se trata já de dar luz aos habitantes da casa, mas às pessoas que vêm *de fora*.

No rigor do inverno, um estranho perdido numa noite sem lua acelera o passo à procura de um lugar abrigado onde passar a noite; mas, na escuridão, mal consegue enxergar as árvores à beira do caminho, que lhe parece interminável. De repente, julga distinguir ao longe uma luz, e recobra a esperança. Ali há uma casa; talvez o acolham. Mas, como sabemos, nada é mais enganoso do que calcular distâncias à noite: a luz cintila continuamente sem se aproximar, e esse viajante ainda terá muito caminho a percorrer antes de encontrar-se diante da porta pela qual se filtrava o raio luminoso. Por fim chega, e bate: a porta abre-se e ele entra na sala iluminada. No começo, fica ofuscado: abre e fecha as pálpebras, sem nada distinguir. Pouco a pouco, porém, os seus olhos acostumam-se à luz, e a atmosfera cálida da casa aquece-lhe as mãos adormecidas de frio. Cedem-lhe um lugar junto dos outros; já não terá de passar a noite exposto à intempérie. A luz que viu brilhar nessa casa foi a sua salvação.

Do mesmo modo, diz-nos Jesus, o cristão deve ser para os *de fora*, isto é, para aqueles que não conhecem o Evangelho, essa luz que os atrai, que os aquece e lhes oferece uma segurança inesperada.

Deveríamos dar graças a Deus todas as vezes que conhecemos alguém que nos faz sentir-nos seguros. Nas nossas dificuldades, nas nossas preocupações, recorremos confiadamente a essa pessoa, com a certeza de recebermos o conselho oportuno, o aviso prudente, a palavra consoladora de que precisamos. Essa pessoa, sem dúvida, não está isenta de erros, mas as suas deficiências não alteram a nitidez da sua visão. Sempre vê claro e ilumina sempre.

Cristo não exige outra coisa dos cristãos; pede-lhes apenas que ergam bem alto a tocha da sua fé, a fim de iluminarem o caminho aos que ainda não o veem. Pede que deixemos irradiar sobre eles tudo o que há de luminoso em nós – e que nos vem dEle –: a nossa serenidade, a nossa paz, a nossa coragem, a nossa alegria, a nossa piedade, o nosso afeto, numa palavra, todas as riquezas de um coração repleto de amor a Jesus Cristo. De todas as demonstrações da verdade da nossa religião, esta é a mais persuasiva: o exemplo de uma vida cristã. É preciso que os homens vejam a luz para descobrirem que se encontram mergulhados em trevas e desejarem sair delas.

Pascal não recomendava outro método a todo aquele que quisesse provar a veracidade da fé católica. É preciso, dizia, «mostrar que a religião é venerável e inspirar respeito por ela; a seguir, torná-la amável, suscitar nos bons o desejo de que seja verdadeira, para só depois demonstrar-lhes que o é». Na medida em que levarmos uma vida que infunda respeito – pela nossa perseverança na tribulação, pela sincera confiança em Deus e sobretudo por uma bondade vivida a todo o momento e por uma abnegação que nunca recua –, faremos com que os de fora pressintam a verdade do Evangelho.

São Cipriano, que viveu no século III, conta que a conduta dos cristãos, durante uma epidemia de peste que devastou inúmeras regiões do Império romano por mais de doze anos, causou tamanha admiração que «os pagãos se viam forçados a acreditar». As mesmas causas produzirão ainda hoje os mesmos efeitos. Para iluminar os que se encontram mergulhados nas trevas, é preciso que a nossa vida lhes cause assombro, despertando em primeiro lugar a sua curiosidade, e depois a sua simpatia. Então, só então, estarão em condições de acreditar no Evangelho.

Se este mandato do Senhor tem em vista a conduta pessoal dos seus discípulos, encontra uma maravilhosa aplicação em todos os lares cristãos. Quero crer que a luz do Evangelho ilumina todos os que entram na casa de quem lê estas linhas. Mas esta missão das famílias cristãs é demasiado importante para que nos limitemos a estas poucas considerações, e por isso voltaremos a tratar dela no próximo capítulo.

Batem à porta

> *Se algum de vós tiver um amigo, e for ter com ele à meia-noite e lhe disser: Amigo, empresta-me três pães, porque um amigo meu acaba de chegar a minha casa de viagem e não tenho nada que lhe dar; e ele, respondendo lá de dentro, disser: Não me incomodes, a porta já está fechada e os meus filhos estão deitados comigo; não me posso levantar para te dar coisa alguma. Se o outro perseverar em bater, digo-vos que, ainda que ele não se levante para lhos dar por ser seu amigo, certamente se levantará pela sua importunação e lhe dará quantos pães precisar.*
>
> (Lc 11, 5-8)

O Senhor, exortando os seus discípulos a não desanimar quando Deus parece não dar ouvidos às suas orações, descreve-lhes uma cena bastante pitoresca: «Certo homem» – diz – «viu chegar inesperadamente a sua casa, à meia-noite, um amigo que voltava de viagem. Recebeu-o com satisfação e, desejando oferecer-lhe alguma coisa para comer, percebeu que não tinha pão. Sem vacilar um instante, correu à casa de um vizinho com quem tinha certa amizade, e bateu-lhe à porta; mas este, acordando sobressaltado, fez "ouvidos de mercador". O bom homem insistiu, explicou-lhe o seu problema e pediu-lhe: "Amigo, empresta-me apenas três pães". Bem envolvido no seu cobertor, o vizinho respondeu-lhe: "Deixa-me em paz. As crianças estão dormindo aqui comigo; se eu me levantar para te abrir a porta, vou acordá-las". Mas o importuno, ao invés de retirar-se, continuou a bater à porta. O vizinho não lhe deu atenção, mas, por fim, muito a contragosto, viu-se obrigado a fazer aquilo que poderia muito bem ter feito no início: levantou-se, abriu a porta e entregou os três pães que o outro lhe pedia».

A personagem principal desta parábola é, sem dúvida, aquele que pede e não cessa de importunar o seu amigo até obter o que deseja. No entanto, gostaria que meditássemos neste capítulo sobre a atitude do vizinho, esse homem benevolente que estava dormindo a sono solto e foi importunado com uma tranquila desenvoltura, com uma insistência que beirava a indiscrição. Dormia, sem dúvida, o sono dos justos, e foi provavelmente a sua mulher, que teria o ouvido mais apurado, quem o despertou sacudindo-o pelo braço, assustada com aquele barulho insólito: «Acorde! Parece que estão batendo à porta. Sim, sim, *estão batendo*».

Sempre nos causa uma certa inquietação ouvir soar a campainha da porta à meia-noite; a primeira coisa em que pensamos é que se trata de alguma má notícia. Mas deixemos de lado este caso, que felizmente é bastante raro. Gostaria somente que pensássemos na nossa reação quando, durante o dia ou durante a noite, ouvimos bater à porta sem que estejamos esperando visitas.

«A minha reação? Depende das circunstâncias», pensaremos. Quando é a mãe que está sozinha em casa, num momento em que todos estão fora, não lhe agradam muito essas surpresas. Entreabre a porta com cuidado: sabe-se lá o que pode acontecer hoje em dia, com tantos vagabundos à solta? Mas quando se trata de alguém conhecido, abre a porta de par em par; afinal de contas, não se devem recusar dois dedinhos de prosa se não houver alguma ocupação especialmente urgente à espera.

Mas quando se trata do dono da casa, as coisas mudam de figura: geralmente, tem um trabalho importante por terminar e não deseja ser incomodado. O visitante inesperado pode tocar a campainha à vontade, chamá-lo em altos brados, fazer gestos suplicantes à janela..., que de nada adianta: terá de ir-se embora desapontado, se não houver naquela casa a clássica empregada compassiva e um tanto ingênua, que entreabre um pouco a porta para informá-lo: — «O patrão mandou dizer que não está...»

Noutras ocasiões, é a família inteira que está reunida num domingo à tarde ou à noite; enfim, podem desfrutar um pouco da companhia uns dos outros. Mas de repente soa a campainha. Instantaneamente, todos abaixam a voz e entreolham-se perguntando: «Abrimos ou não?» Ou seja: permanecemos nos nossos afazeres e distrações, ou renunciamos a este momento de intimidade? Tais momentos costumam ser demasiado raros para que renunciemos a eles de bom grado.

Por outro lado, quem é essa pessoa à qual abriremos a porta? Não será talvez um desses inoportunos que nos deixam com os nervos à flor da pele e que, quando por fim se retiram, nos deixam arrependidos por tê-los feito entrar? Mas, e se for um amigo que não vemos há tempos? Se não o deixarmos entrar, que desgosto não sentiremos depois por nos termos privado, e por tê-lo privado, da alegria desse encontro!

Como sair, pois, do dilema: «Abrir ou não abrir?» Todos estes exemplos relativos às pequenas alegrias ou contrariedades do cotidiano não passam – como é evidente – de um símbolo. Encontramo-nos, na realidade, diante de uma das questões mais importantes da vida familiar, e da sua solução depende tanto a *solidez* como a *irradiação* de um lar cristão. Se a porta estiver sempre aberta, não há lar; se estiver demasiado fechada, o lar cristão deixa de cumprir a sua missão.

Um lar não é nenhum claustro, mas também não é um bar. Ouve-se falar com frequência do «círculo» ou do grupo familiar. Tanto um grupo como um círculo são entidades fechadas, destinadas a proteger os seus integrantes. A família, única sociedade humana que merece chamar-se obra direta de Deus, precisa de um lugar cercado – comparado às vezes, com toda a justiça, a um *santuário* – para desenvolver-se e estender-se. É só neste marco, rígido como todos os marcos, que se adquire o espírito familiar, constituído por um conjunto de convicções parecidas e de sentimentos comuns, bem como pelas tradições que o marido e a mulher herdaram de seus pais. Todos, tanto pequenos como grandes, vivem desse patrimônio, daquilo que se pensa e se faz «em casa».

Por isso mesmo, este «em casa» exige que a porta esteja fechada com bastante frequência, tanto para que os membros da família não passem a maior parte do tempo fora, como para não dar entrada ao primeiro que aparecer. Os esposos jovens, que ainda estreiam a alegria de possuírem a «sua própria casa», devem saber aproveitar bem as horas de intimidade que ela lhes proporciona. É o tempo de decorá-la com capricho, para que mais tarde lhes permita desfrutar de momentos agradáveis, e de ocupar-se de pequenos trabalhos domésticos que possam retê-los em casa. Causa inquietação ouvir esta pergunta dos lábios de recém-casados: – «O que vamos fazer esta noite?» – «Saímos?» Sim, sem dúvida, de vez em quando convirá saírem juntos para uma festa que os distraia ou para um bom espetáculo que lhes enriqueça o espírito. Mas é preciso que essas exceções não se tornem regra.

Quanto aos pais cujos filhos já vão crescendo, o mais importante é que saibam não privá-los da sua vida pessoal. Temem que, se lhes franquearem a porta, já não parem mais em casa? Penso que, sem necessidade de qualquer demonstração de autoridade, os filhos não sairão com excessiva frequência se se sentirem *em sua própria casa* na *casa dos pais*. Por que não fazer com que tragam os seus amigos? Será a melhor maneira de o lar cumprir essa função de *luz do mundo* a que nos referíamos no capítulo anterior, e que faz parte da nossa vocação de cristãos. Abramos a nossa porta aos amigos dos nossos filhos e às colegas das nossas filhas. É no nosso lar que se fará naturalmente a seleção entre aqueles que é melhor deixar de convidar e aqueles outros cuja amizade convém cultivar.

E abramos a nossa porta, como é evidente, aos nossos amigos pessoais. Não serão muito numerosos, pois a amizade não é algo que se deva esbanjar: é demasiado preciosa para isso. Via de regra, essas famílias amigas serão coetâneas nossas: simpatias e ideias comuns, ou simplesmente umas relações de vizinhança, as aproximaram de nós. Recebamo-las como elas mesmas nos recebem, com toda a simplicidade e alegria. Mas – sempre há um «mas» – não saiamos do terreno da amizade. A intimidade entre amigos, para conservar-se nobre, não deve degenerar em familiaridade: caso contrário, talvez descubramos tarde demais que deixamos entrar o lobo no redil. Que a nossa casa seja, ao mesmo tempo, acolhedora e respeitada.

Além desses frequentadores habituais, é natural que recebamos também visitas de ocasião, e talvez com muita frequência, justamente por saberem que ali moram uns verdadeiros cristãos. Batem à porta? Abramos sem vacilar. É que vêm pedir-nos alguma coisa: *Amigo, empresta-me três pães*? Pois muito bem: só se pedem favores a famílias cristãs. Façamos, pois, tudo o que estiver ao nosso alcance para ajudar essas pessoas que recorrem à nossa ajuda.

Alguma vez, a campainha soará com maior timidez. O visitante parece nervoso. Não, não é um favor material que vem pedir-nos. Deixemos que nos confie as preocupações que o afligem; talvez esteja em vésperas de cometer uma tolice, e necessita apenas de uns ouvidos amigos que saibam escutá-lo, de um coração compreensivo que lhe infunda ânimo. A sua visita talvez se prolongue, mas sairá reconfortado da nossa casa. Graças a essa visita, permanecerá honrado, ou recuperará a coragem, ou – quem sabe? – ganhará forças para não desertar do seu próprio lar. Se a nossa porta tivesse permanecido fechada, essa pessoa poderia estar perdida. E fomos nós que a salvamos.

No último livro das Sagradas Escrituras, leem-se estas palavras do Senhor: *Eis que estou à porta e bato. Se alguém ouvir a minha voz e me abrir a porta, entrarei em sua casa, e cearei com ele, e ele comigo* (Apoc 3, 20). É uma imagem maravilhosa, que recorda a todo o bom cristão as visitas pessoais de Cristo à sua alma, lembrando-lhe também a hora em que o Salvador virá buscar-nos, no final da nossa vida. Mas por acaso não ilustra também belamente as reflexões que acabamos de fazer?

Esse desconhecido que bate à nossa porta, porque precisa de nós, porventura não será também Jesus, sob as aparências de um pobre homem necessitado? Abramos, pois, a nossa porta, porque Cristo quer entrar em nossa casa.

O servo que nunca acaba de cumprir o seu dever

Quem de vós, tendo um servo a lavrar ou a guardar gado, lhe dirá quando ele se recolher do campo: Vem depressa, põe-te à mesa? Não lhe dirá antes: Prepara-me a ceia, cinge-te e serve--me, enquanto eu como e bebo; depois comerás tu e beberás? Porventura fica o senhor obrigado àquele servo, por ter feito o que lhe tinha mandado? Assim também vós, depois de terdes feito tudo o que vos foi mandado, dizei: Somos servos inúteis; fizemos o que devíamos fazer.

(Lc 17, 7-10)

Falamos atrás da ação preponderante de Cristo na santificação do cristão, que no entanto não dispensa a necessária contribuição da nossa boa vontade a fim de podermos corresponder à ação de Deus. Até que ponto se estende a nossa participação e a que ela nos obriga, vê-lo-emos hoje, ao examinarmos uma breve parábola na qual Cristo apresenta um senhor e o seu servo, ou melhor, para sermos mais fiéis à verdade histórica, um senhor e o seu escravo.

A legislação judaica sobre a escravidão não autorizava o rigor desumano que vigorava em outros povos da Antiguidade e que era permitido, por exemplo, pelas leis romanas. Não dava lugar entre os israelitas a nenhuma degradação: o escravo hebreu era tratado com suavidade e o estrangeiro sem violência. Estavam colocados quase no mesmo nível que a esposa e os filhos; mas eram propriedade do dono e, no que diz respeito ao trabalho, deviam-lhe total obediência. Tendo em conta esta explicação, compreenderemos a parábola em toda a sua clareza.

«Que vos parece?», pergunta o Salvador. «Ao anoitecer, um escravo volta do campo: lavrou-o durante todo o dia ou apascentou o gado. Ao chegar, encontrará o jantar servido e ouvirá o seu amo dizer-lhe: "Vem e senta-te já à mesa"?» O pobre escravo certamente não seria capaz de recusar esse convite, pois chegou do trabalho com muito apetite. Mas não será assim. O amo pensa, pelo contrário, que o escravo, apesar do cansaço, tem obrigação de preparar-lhe a comida. *Não lhe dirá antes: Prepara-me a ceia, cinge-te e serve-me, enquanto eu como e bebo; depois comerás tu e beberás? Porventura fica o senhor obrigado àquele servo, por ter feito o que lhe tinha mandado? Assim também vós, depois de terdes feito tudo o que vos foi mandado, dizei: Somos servos inúteis; fizemos o que devíamos fazer.*

Assim também vós! Sim, devemos a Deus um serviço total. *Um cristão nunca terminou de cumprir o seu dever.* Ainda não terminou uma tarefa quando já lhe aparece outra a exigir a sua atenção. Na casa, no trabalho, na rua, no meio dos seus amigos, em toda a parte, encontra-se diante de um dever a cumprir. Mas, se é assim, está um cristão proibido de descansar? É evidente que não; mas o necessário repouso não é motivo para que deixe de ser discípulo de Cristo. Expressemo-nos melhor: *Um cristão nunca deixa de ser cristão.*

O Senhor não tolera nenhuma divisão na nossa vida, nenhum compartimento em que possamos subtrair determinadas atividades à sua influência ou ao seu olhar amorosamente vigilante. É impossível ser cristão no domingo e pagão durante a semana. É impossível limitar a prática do Evangelho à vida familiar e pretender não levá-la em conta no trabalho, nas relações comerciais, na escolha dos divertimentos. Se o nosso cristianismo não nos absorvesse por inteiro, seria somente uma camada de verniz: não seríamos cristãos.

Aliás, a principal dificuldade da vida cristã consiste precisamente na sua *regularidade*, que não admite nem exceções nem descanso; exige perpetuamente os mesmos esforços, que é preciso recomeçar sempre.

É normal, pois, que a nossa natureza sinta um certo cansaço. Fatalmente, a rotina vai-se introduzindo em maior ou menor medida nos nossos atos, que deveriam estar, mas nem sempre estão, animados pelo entusiasmo e sustentados por uma atenção constante. Rezamos, sim, mas sem gosto e com mil distrações; cumprimos o nosso dever, sim, mas sem ânimo, por mero descargo de consciência.

Importa que consideremos esta sensação de rotina como aquilo que realmente é: uma prova que talvez reduza o atrativo que sentimos pela vivência religiosa, mas que na realidade não diminui nem a nossa fé nem a nossa generosidade. Somos o servo que de bom grado se sentaria à mesa ao voltar do campo, mas que não o faz porque ainda tem muito trabalho por executar quando chega a casa. Esse trabalho, nunca o omite e, seja qual for o seu estado de ânimo, realiza-o bem. Convém termos presente que este cansaço diante de todos os deveres que se sucedem uns aos outros, obriga-nos por um lado a uma incessante vitória sobre nós mesmos e, por outro, constitui talvez o sacrifício mais claro que podemos oferecer a Deus.

No entanto, ao cansaço físico acrescenta-se às vezes uma certa lassidão psicológica, mais perigosa. Também o salmista hebreu se acusa de ter lançado um olhar de inveja sobre *o bem-estar dos ímpios* (Sl 72, 3). Não é verdade que os «ímpios», até certo ponto, parecem desfrutar de maior liberdade do que nós? Não desejaríamos, às vezes, poder imitar a sua indiferença? Perdoe-me o leitor uma expressão um tanto familiar, mas oportuna: de vez em quando, gostaríamos de «desprender-nos dos arreios», não depender constantemente de uma lei, pertencer-nos durante um pouco de tempo, e agir de vez em quando ao sabor dos nossos caprichos. E eis-nos diante do drama do cristão, que nunca se pertence a si mesmo. Escolhendo Jesus Cristo por amo, renunciamos por completo a ser senhores de nós mesmos. Estamos comprometidos. Temos de prosseguir.

Aliás, tenhamos cuidado. Uma vida subordinada aos nossos caprichos seria uma vida desordenada, contraditória, incoerente; talvez tenha as suas horas agradáveis, com certeza, mas enganosas; e, ao fim e ao cabo, seria uma vida perdida por completo. O valor de uma vida depende da sua unidade. É por isso que o Senhor nos pede, antes de mais nada, *fidelidade*. Fidelidade à sua doutrina e à sua Pessoa, e em consequência fidelidade a todos os compromissos que assumimos livremente diante dEle: especialmente, fidelidade conjugal e fidelidade a todos os deveres familiares.

Consideremos novamente o exemplo que o Evangelho nos propõe: não se espera de nós que sejamos servos hábeis, capazes de grandes proezas; aos olhos de Cristo, o bom servo é o servo *fiel*, e fiel nas pequenas tarefas que lhe foram confiadas. Talvez se ocupe somente em coisas de pouca monta, mas cumpre-as bem, ou pelo menos quer cumpri-las bem; faz tudo tão bem como pode. O melhor elogio que se pode fazer de uma pessoa não é dizer que ela é fiel ao seu cônjuge, fiel às suas amizades, fiel às suas ideias? O homem fiel é aquele de quem podemos fiar-nos, certos de podermos contar com ele; e, no fim das contas, é só isto que importa, quer diante dos homens, quer diante de Deus.

Mas a nossa parábola ainda não terminou. Não falamos ainda da frase que, à primeira vista, deveria parecer-nos mais estranha. Não nos escandalizemos antes de tê-la meditado. O dono não deve ao seu escravo nenhuma gratidão especial por este pôr-se a preparar-lhe a comida recém-chegado do trabalho; está estritamente obrigado a fazê-lo. «Assim acontece convosco» – diz-nos o Salvador –; «depois de terdes feito tudo o que vos foi mandado, deveis dizer: Somos escravos sem mérito algum; *fizemos o que devíamos fazer*».

A palavra «mérito» não deve ser tomada aqui no sentido que lhe dão os teólogos, mas no seu significado usual de direito a um louvor ou a uma recompensa. *Somos servos inúteis*, escravos sem mérito, servos que não merecem louvores nem gratidão. Se servimos a Deus da manhã até à noite, se procuramos a maneira mais correta de praticar o Evangelho, isso não nos confere o direito de extasiar-nos diante das nossas qualidades; apenas cumprimos o nosso dever. Afinal de contas, é para isso que somos cristãos: para realizarmos o Evangelho em nossa vida, e, desta forma, propagá-lo por todo o mundo.

São Paulo escrevia aos Coríntios que, para ele, pregar o Evangelho não era nenhum título de glória.

Como assim? *Porquanto, se eu evangelizar, não tenho de que me gloriar* – diz –, *pois me é imposta essa obrigação; e ai de mim se não evangelizar* (1 Cor 9, 16). São Paulo não cifra a sua glória nos seus trabalhos apostólicos, mas na missão que recebeu de pregar o Evangelho. E a sua recompensa? Já a recebeu: consiste em ter sido objeto dessa honra.

Deus, que nos dá tudo, não nos deve nada; portanto, nada temos a esperar em troca da nossa necessária fidelidade. Deus não tem que agradecer-nos se nos dedicamos a servi-lo: *fizemos o que devíamos fazer*; nós, pelo contrário, é que temos de agradecer-lhe por nos ter tomado ao seu serviço. Toda a nossa felicidade consiste em termos sido admitidos a amá-lo. Podemos, assim, ampliar a fórmula que usamos acima e dizer: *Um cristão não termina nunca de amar*. Desta forma, haveremos de parecer-nos com o nosso Pai dos Céus, tal como Jesus o recomendou. Deus dá gratuitamente, e um cristão não deve servi-lo senão gratuitamente, por amor. E como expressar-lhe o nosso amor senão mediante uma fidelidade que nunca volta atrás, mediante uma adesão nunca desmentida à sua vontade?

A partir do momento em que, ao invés de falarmos de deveres com relação a Deus, passamos a ter em conta o amor que temos obrigação de testemunhar-lhe, percebemos como é verdadeira a afirmação de São João: *E os seus mandamentos não são penosos* (1 Jo 5, 3). Não há dúvida de que não nos vemos imediatamente libertados da nossa fraqueza, nem imunizados contra todo o desalento, mas o próprio Apóstolo assegura-nos que, *se o nosso coração nos condena, Deus é maior que o nosso coração* (1 Jo 3, 20). É possível que sejamos um servo desastrado; mas nada se perde enquanto continuarmos a ser um servo fiel e amável.

A fidelidade canaliza e regulariza os nossos intermitentes acessos de entusiasmo, e supre igualmente os passageiros eclipses da nossa generosidade. Tenhamos presente o nosso belo título de *fiéis* cristãos. Fiéis, porque depositamos toda a nossa fé em Cristo; e fiéis também porque o Senhor pode confiar em nós.

Direção geral
Renata Ferlin Sugai

Direção editorial
Hugo Langone

Produção editorial
Juliana Amato
Gabriela Haeitmann
Ronaldo Vasconcelos
Roberto Martins

Capa
Gabriela Haeitmann

Diagramação
Sérgio Ramalho

ESTE LIVRO ACABOU DE SE IMPRIMIR
A 29 DE ABRIL DE 2024,
EM PAPEL PÓLEN BOLD 90 g/m².